Luis Guillermo Mendoza Velarde

Guía y charlas de meditación

CON LOS PRINCIPIOS DEL BUDISMO, EL ZEN,
EL ARTE MARCIAL AIKIDO Y EL COACHING

EDIQUID

GUÍA Y CHARLAS DE MEDITACIÓN
con los principios del budismo, el zen, el arte marcial aikido y el coaching
© Luis Guillermo Mendoza Velarde, 2021
Editado por: Corporación Ígneo S.A.C.
para su sello editorial Ediquid
Av. Arequipa 185 1380,
Urb. Santa Beatriz. Lima - Perú
Primera edición, marzo 2021
ISBN: 978-612-48483-8-4
Impresión bajo demanda

Hecho el Depósito Legal en la Biblioteca Nacional del Perú N° 2021-03111
Se terminó de imprimir en Marzo del 2021 en:
ALEPH IMPRESIONES SRL
Jr. Risso Nro. 580
Lince - Lima

www.grupoigneo.com
Correo electrónico: contacto@grupoigneo.com
Facebook: Grupo Ígneo | Twitter: @editorialigneo | Instagram: @grupoigneo

Diseño de portada: Ímpetu Creativo
Fotografía: Yuri Iván Tirado Zumaeta
Diagramación: Gerardo Hernández B.
Corrección: Alejandra Araujo

Colección: Integrales

Dedicatoria

Para mi hermano Giancarlo y muchos otros que partieron al infinito,
así como todas y todos los caminantes y viajeros de la vida,
que aspiran al despertar de la consciencia,
para el beneficio del mundo y de todos los seres.

Contenido

Aspectos generales de la meditación

¿Qué es la meditación y para qué meditar?

La meditación es una práctica, un entrenamiento mental; muchos han dicho que los monjes budistas son verdaderos gimnastas de la mente. Y es que en la meditación podemos hacer visualizaciones, observar nuestros pensamientos, estar conscientes de los sonidos, del aquí y el ahora; podemos hacer diferentes registros de nuestra respiración y de las sensaciones. Así mismo, descubrir nuevas puertas que nos dejarán deslumbrados en nuestro camino del despertar.

Dentro de la meditación budista, que es uno de los tantos tipos de yoga, también se realizan mantras para meditar; estos corresponden a frases poderosas, donde lo que interesa es la concentración en la vibración del sonido. Existen mantras sumamente poderosos para desarrollar el amor y la compasión, fuentes inagotables de energía y de una liberación sin límites.

Y ¿para qué hacer todo esto?

Algunos, tal vez, practiquen la meditación por esnobismo, para no aburrirse, para hacer algo interesante o porque está de moda. Otros podrían hacerlo como una forma de escape ante una realidad que muchas veces no llena nuestras expectativas. Pero no es el caso de la meditación budista el que quiero proponer.

La meditación que vamos a aprender nos ayudará a tener un contacto más consciente con nuestro ser y con el estado de presencia. Y por esto, en esta práctica no intentamos poner la mente en blanco, como podrían hacer otras técnicas. Lo que queremos es, justamente, contactar con el presente.

Al ser más conscientes de nuestro cuerpo, de nuestras emociones, de nuestro lenguaje verbal y no verbal, de nuestro entorno y de nuestra relación con las personas, podremos disfrutar mucho más de la vida, gozar de una existencia con mayor plenitud, gozo interno, paz y felicidad. Todo ello sin importar la actividad que realices; salvo, como dicen los lamas (maestros del budismo), ciertas actividades que dañen y perjudiquen a los seres, como, por ejemplo, matar, robar, engañar y violentar.

Observar nuestra mente

«Observación» es una palabra que usaremos mucho, es la técnica básica de la meditación. Recuerda esta palabra y tenla en cuenta como una herramienta, como un recurso para tu vida, como una técnica meditativa.

¿Qué es observar la mente?

Observar la mente no tiene que ver con usar nuestros ojos, tiene que ver con ser consciente de lo que ocurre en nuestra mente. A esto le llamamos «observar»

Por eso, una de las preguntas básicas que hacemos cuando no estamos en el cojín de la meditación sino en nuestras actividades habituales, es preguntarnos dónde está nuestra mente aquí y ahora o, también, qué emoción estamos experimentando aquí y ahora.

Cuando te haces estas preguntas la mente no solo vive y siente lo que estás experimentando de una manera automática, sino que te vuelves consciente de lo que estás viviendo. O sea, eres capaz de observar, de hacer registro en tu mente, de saber qué está pasando en ella y qué imágenes hay allí, con lo cual tendrás más claridad para las acciones que vayas a emprender.

Hemos dicho que meditar es un entrenamiento, por lo que podemos meditar de acuerdo a la disponibilidad de nuestro tiempo. Unos veinte minutos sería la cantidad mínima de tiempo ideal; con el tiempo puedes meditar un poco más y alcanzar una hora, o más, si lo deseas. La idea de veinte minutos es prudente si apenas estás empezando a meditar, para que no te sientas abrumado con mucho tiempo. Tampoco es un tiempo tan corto como para que no puedas reparar en el trabajo de meditación que estás haciendo. La meditación es realmente poderosa y transformacional y, cada vez más, mayor valor en las sociedades, generando más alcance.

Observar nuestra mente se vuelve un ejercicio cada vez más fascinante. Lo que meditamos en el cojín, aislados en nuestra casa o en algún dojo (lugar de práctica) es lo que vamos a poner en práctica en la vida cotidiana. La sensación de nuestra mente cuando estamos en el cojín es lo que trasladamos luego a nuestros quehaceres habituales, ya sea cuando estamos lavando platos, colgando la ropa, limpiando la casa, trabajando en la bolsa de valores, como policías, profesores, haciendo gimnasia, tejiendo o ejerciendo cualquier otro oficio.

Con el tiempo y la práctica seremos más perceptivos y sensibles con nuestro ser, nuestro entorno y las personas; en suma, con el planeta. Estaremos reparando y prestando atención a detalles que, por la rapidez de la vida cotidiana, generalmente no se aprecian. Con nuestra práctica de meditación estaremos contribuyendo al cuidado del planeta, que tanto lo necesita. ¿No te parece fascinante ser parte de la contribución por la felicidad de los seres y en el cuidado del planeta?

Con la meditación nos preparamos y nos entrenamos para este gran trabajo, para esta gran misión. Acompáñame en la lectura para que vayas descubriendo cómo es posible contribuir con la paz, con la felicidad, con el amor y con el cuidado ambiental a través de la meditación. Recuerda aquella antigua enseñanza: «si le das dinero a alguien, lo alimentarás por un día, pero si le enseñas a pescar, lo alimentarás para toda la vida». La meditación, en ese sentido, es muy similar.

La práctica de la meditación es un ejercicio para todos los espacios de nuestra cotidianidad, una práctica para afrontar los momentos difíciles y una preparación para lo que es inexorable en la vida de todo ser humano: nuestra propia muerte. Además, podremos ayudar a morir con tranquilidad y sin miedo a aquellos que están en su lecho final y también a sobrellevar el dolor de quienes llevan un duelo difícil por la pérdida de algún ser amado.

Dicho esto, ya estamos en condiciones de aprender a meditar

Podemos adoptar ciertas disposiciones corporales. En el zen, la postura es muy estricta, tiene muchas formas. Por su parte, la meditación tibetana no lo es tanto. Solo te doy estos datos a manera de información, por si deseas luego buscar más. Los puntos básicos son los que te detallo a continuación:

1. **Mantener la espalda erguida**: esta postura expresa dignidad, algunos la llaman la «postura de la montaña». Desde esta postura ya estamos expresando solidez y fortaleza, aun cuando mentalmente podamos estar inquietos, vulnerables o con sufrimientos. Una espalda erguida es lo principal para la meditación. Espalda erguida, pero relajada. A su vez, debe sentirse como una posición cómoda. Es lo básico. Te ayudará y facilitará una mejor circulación sanguínea; es ideal para captar y aprehender lo que ocurra en tu mente con mayor efectividad.

2. **Respiraciones**: antes de iniciar la meditación, hacemos tres respiraciones profundas. Tres inhalaciones y tres exhalaciones, con la idea de relajar el cuerpo. Ambas respiraciones, inhalación y exhalación, por la nariz.

3. **Mirada**: puedes dirigir la mirada hacia abajo, a cuarenta y cinco grados, sin mirar el piso. De preferencia con los ojos entreabiertos para mantenernos conectados con la realidad, conectados en el aquí y el ahora.

4. **Coronilla**: la coronilla de la cabeza se dirige al cielo; con ello ayudas a estirar tu columna.

5. **La postura de las manos**: pueden ir apoyadas sobre las rodillas o el regazo. También puedes colocar la palma izquierda hacia arriba, sosteniendo la derecha, y que los pulgares se toquen ligeramente. En la cosmología budista esto permite una interconexión y alineamiento con nuestras chacras y circuitos de energía interna, favoreciendo la fluidez de energía vital, personal y cósmica.

6. **Asiento**: puedes sentarte en un cojín con la idea de que la columna descanse en la postura flor de loto. También está perfecto si te sientas en medio loto o, si prefieres, en una silla. Si lo haces, trata de sentarte al borde, metiendo un poco las caderas para ayudar a tu columna a mantenerse erguida y relajada.

7. **Hombros**: mantén los hombros relajados y caídos, no los eleves al inhalar.

8. **Estiramiento**: antes de adoptar la postura de meditación y después de meditar, realiza movimientos corporales suaves de estiramiento general para ayudar a relajar el cuerpo: cintura, flexibilidad, piernas, movimientos del cuello, brazo y hombros.

9. **Duración**: esto es depende de cada quien. Al inicio, para no abrumarnos, podríamos empezar con veinte minutos. Luego, con más práctica, podemos tomar entre treinta o cuarenta minutos y hasta una hora de meditación. O también un rato en la mañana y al final del día, antes de acostarte, para tener esa sensación durante el sueño. Lo principal es que seas constante.

10. **No son reglas fijas**. es importante es que te sientas cómodo. Lo principal es la espalda erguida y relajada.

La correcta respiración

La respiración que se suele hacer en meditación es la respiración abdominal, la respiración natural del bebé. Con el tiempo, conforme nos hacemos adultos, crecen las responsabilidades y con ello las ansiedades y las angustias. Debido a esto, la respiración puede tornarse pulmonar, lo que no es ideal ni saludable. Una respiración pulmonar, con los años, puede devenir en problemas respiratorios y cardiacos, entre otros males de salud.

Cuando inhalas en la respiración abdominal, extiendes el abdomen y, cuando exhalas, lo contraes. Tanto la inhalación como la exhalación se realizan lenta y suavemente. No levantes los hombros al inhalar, mantente relajado.

En ocasiones puedes realizar inhalaciones y exhalaciones profundas. Contando, por ejemplo: en una inhalación cuentas hasta diez y en una exhalación hasta veinte. Presta atención, de forma relajada, a cada inhalación y cada exhalación.

Si realizas alguna actividad física o arte marcial, la respiración suele ser diafragmática, por la agitación del deporte o la actividad que estás realizando. Si estás agitado y el corazón late más rápido (cardiovascular), puedes intentar realizar inhalaciones y exhalaciones lentas. Esto requiere una actitud mental serena y un buen grado de entrenamiento, porque puedes sentir que te falta el oxígeno y con ello, tal vez, asustarte. Así entrenas tu respiración, tu autocontrol. Nada de esto debe forzarse demasiado. Si estás muy agitado y no puedes exhalar lento, entonces respira normal. Solo inténtalo hasta donde puedas, sin hacer demasiado esfuerzo. La práctica debe ser gradual, no te esfuerces demasiado, despacio se llega lejos. Mucha atención con estos puntos.

Con el tiempo y la práctica superarás problemas de ansiedad, angustia, preocupaciones innecesarias y ataques de pánico e ira, entre otros.

Como nota adicional, te comento que toda la disposición corporal o postura tiene su razón de ser en la metafísica budista y está relacionada con la armonía con el planeta. Ten en cuenta que el propio buda Sidhartha Gautama enseñó la postura de la espalda erguida y, gracias a esta postura, facilitó su iluminación hace más de dos milenios, enseñando a todos los seres el camino para lograr la paz, la felicidad, la plenitud, el gozo y la armonía interna y con el entorno.

Mediante esta postura y esta respiración favorecemos un mejor flujo sanguíneo y la buena regulación de nuestros órganos internos, glándulas endocrinas, presión arterial y metabolismo, y un sinfín de beneficios adicionales.

La inhalación y exhalación se hace, generalmente, por la nariz, aunque durante la práctica de aikido y otras artes marciales inhalamos por la nariz y exhalamos por la boca. No hay que complicarse demasiado. Recuerda que son recomendaciones y no reglas escritas en piedra. Lo importante es avanzar gradualmente, sin forzar.

La energía vital (energía interna), el Puntohara, Ki (Japón), Chi (China), Prana (India)

Con la respiración correcta, entrenamos y fortalecemos la energía interna, el Puntohara. La energía interna o el Puntohara se ubica cuatro centímetros debajo del ombligo. Y es con la energía interna que sacamos nuestra fuerza, nuestra solidez y estabilidad para la práctica de artes marciales y cualquier otra actividad. La respiración, que es el trabajo de la energía interna, corresponde a un 60 % o más de prácticas como yoga, taichí, aikido, entre otras. Podemos practicar la respiración correcta, fortaleciendo nuestra energía interna, en cualquier actividad de nuestra vida, como barriendo, tendiendo las mantas de la cama, preparando el almuerzo…

Nota importante y advertencia

Al inicio no debes realizar más de cuatro inhalaciones y exhalaciones profundas ya que puede causar mareo. Una vez más, la idea es no forzar y practicar de menos a más, con moderación y prudencia. Recuerda siempre una vieja enseñanza del famoso libro *Tao te King*: «El viaje de millas empieza con tan solo un paso».

Irás viendo beneficios de la meditación con la práctica diligente y constante, y te será de gran beneficio tanto en circunstancias favorables como en las desfavorables. Justamente, las circunstancias desfavorables suelen ser excelentes oportunidades de práctica, aunque ciertamente es comprensible que pueda resultar más complicado realizar la actividad en momentos difíciles. No obstante, al menos diez segundos de consciencia en un momento difícil ya es una gran semilla que estás sembrando, que tarde o temprano tendrá sus frutos. Si puedes practicar más tiempo en una circunstancia difícil de tu vida, sembrarías frutos maravillosos. Según la filosofía budista puedes ofrecer esta situación difícil como una forma de purificación: «que esta situación difícil sirva para aliviar el sufrimiento de todos los seres, sirva para el planeta y sirva para purificar mi karma…». Si deseas seguir el legado del buda, haz esta aspiración con devoción, invocando a los maestros, a los budas, para que te acompañen y te guíen. De esta manera estás sembrando las causas y condiciones para un mejor futuro en todo sentido. También puedes aplicar esta devoción o esta ofrenda desde la oración cristiana, no hay problema.

Las técnicas de la meditación

Existen infinidad de técnicas. Vamos a ver las más usadas, para que puedas iniciarte en la meditación y luego integrarte en un dojo (lugar de práctica), presencial o virtual, para que practiques en grupo. En estos espacios los maestros nos enseñan que la fuerza vibratoria de la meditación en grupo es mucho más poderosa.

Y si tuvieras que meditar solo en tu hogar, no hay problema. La naturaleza es sabia y la ley del karma, que es la causa y efecto, es lo natural. Sencillamente estás sembrando el mérito necesario para que el cosmos trabaje a tu favor.

1. «Observar» nuestros pensamientos

En esta técnica, observamos los pensamientos que surgen en nuestra mente.

Los pensamientos no se detienen, no dejan de fluir. En esta meditación, la práctica consiste en detectar cuáles son esos pensamientos. La idea no es analizar, interpretar, sacar conclusiones ni resolver algo, nada de ello. La idea es observar como si estuvieras viendo una película que no tiene relación contigo. Me refiero a que cuando observas una película en el cine sabes que esa película no es tu mente. De igual forma, con esa misma actitud intentas mirar tu mente.

En otras palabras, con esta práctica aprendes a no involucrarte emocionalmente con lo que pasa en tu mente. ¿Te das cuenta lo poderoso que es esto? Con este ejercicio empezarás a ser libre para admitir o no las emociones que se quieren alojar en ti. Es decir, que las condiciones externas no tienen por qué afectar tu libertad mental. Medita por unos instantes sobre este tremendo poder, esta tremenda opción. Es un poder que está al alcance de todos y es gratis. Ya se usa, ya está comprobado. ¿No me crees?, ¿no sales de tu asombro? Y esto es solo el comienzo, así que sonríe, alégrate. Aunque entiendo si sigues escéptico. En este mundo de violencia en el que vivimos ya no tenemos tanta confianza. Pero actualmente hay mucha gente que practica el budismo, el taichí y el aikido, entre otras disciplinas, y que podrán transmitirte su energía, su entusiasmo. Tú mismo puedes y es importante que lo corrobores. No tienes que creerle a alguien, es preciso experimentarlo.

Sigamos con el ejercicio. Si, por ejemplo, surgen pensamientos de que estás en el trabajo, en la universidad o en tu casa; que te falta entregar una tarea; que no te acuerdas de dónde dejaste las llaves de tu casa, o lo que sea, simplemente observas. No dices nada; no agregas nada; no dices «me gusta», «no me gusta» ni «¡qué fastidio!»; no juzgas; no calificas; nada de nada. El ejercicio es solo observar. No alimentes el pensamiento que surge, esa es la clave.

Lo interesante de este ejercicio es que con el tiempo comienzas a observar también tus emociones. Y al observar tus emociones, te das cuenta de que estás en la capacidad de no identificarte con la emoción experimentada. Te das cuenta de que tienes la libertad de no dejarte arrastrar por ninguna emoción. Empiezas a ser libre realmente. No permites que la bola de nieve de pensamientos y emociones aflictivas crezca.

Por ejemplo, si estás viviendo la emoción de la ira, el enojo o la cólera, que es muy destructiva y causa mucho sufrimiento, y si eres capaz, en ese momento, de observar lo que estás viviendo sin juzgar, sin decir nada y sin comentar, ya estás meditando en la vida cotidiana. Al ser observada y no ser alimentada, la ira sencillamente se disuelve, no tiene de dónde agarrarse. ¿No te parece maravilloso dejar de sufrir los efectos de la ira? Lo mismo sucede con otras emociones, como la pena, el miedo y sus variantes, como la melancolía, la tristeza, el pesar, el sentimiento de pérdida, la nostalgia, la ansiedad, la angustia, los miedos paralizantes...

Para el caso, recuerda el cuento del lobo. Un maestro de la comunidad india Sioux contaba en su comunidad que dentro de nosotros tenemos dos lobos, uno muy fiero y agresivo, y el otro manso y tierno. Y esos dos lobos siempre están en conflicto, en disputa y enfrentamiento. Uno de los niños de la comunidad, que escuchaba atento el cuento, le preguntó al maestro:

—Maestro, y ¿quién ganará?

El maestro le respondió:

—Aquel a quien tú alimentes.

Las emociones tienen su razón de ser y utilidad, como veremos más adelante. El miedo nos alerta para un peligro, pero es diferente tener miedo y capacidad de reacción que quedarse con un miedo paralizante que nos limita para actuar. Y justamente por un miedo de tal naturaleza podemos agravar la situación y no salir airosos del peligro, sino, al contrario, salir lastimados.

Ya podemos ir viendo los efectos y los resultados de la meditación. La meditación nos dará suficiente calma mental como para encarar cualquier situación. En la vida podemos tener muchos obstáculos: nuestra pareja puede engañarnos, podemos perder el empleo, pueden robarnos y muchas cosas más, pero si no tenemos suficiente calma mental, la emoción aflictiva y dolorosa que estemos viviendo se agrandará, por efecto de una mente inquieta que se desborda.

En la vida sucede algo similar con nuestros sueños. En nuestros sueños podemos paralizarnos de miedo con alguna pesadilla, tal vez, y hasta intentamos gritar en pleno sueño, sin lograrlo. Más tarde, cuando despertamos, nos damos cuenta de que esa terrible y fiera amenaza solo era una ilusión, nos damos cuenta de que nos habíamos aterrorizado por gusto. Con la meditación, igualmente, despertamos a la mente de sus horrores, aun cuando estamos en estado de vigilia. Limpiamos los filtros de miedo u otros que no permiten ver con claridad.

Las emociones descontroladas pueden jugar terriblemente en nuestra contra, como, por ejemplo, lo que le pasó a cierta señora a quien detuvo la policía en el tráfico de la ciudad. Esta señora se ofuscó tanto que terminó agrediendo al policía y haciendo tanto escándalo que fue la comidilla en las redes sociales. La señora pudo haberse molestado, eso era, tal vez, lo natural. Pero la señora se dejó llevar por la ira, y por una verdadera tontería, que pudo evitarse rápidamente, la señora estuvo seis meses en prisión y con su imagen destruida en las redes sociales, que lamentablemente hicieron escarnio de su persona. Actualmente, ejemplos de este tipo abundan y se repiten con frecuencia.

Un periodista le preguntó cierta vez al Dalai Lama:

—¿Y usted nunca se enfada?

—Claro que sí, pero no me enfado con el enfado —respondió el Dalai Lama.

—¿Y cómo es eso? —preguntó el desconcertado periodista.

—Me puedo enfadar en algún momento, tal vez —respondió el Dalai Lama—, por lo inesperada de la situación. Por ejemplo, estoy llevando mi café, alguien se tropieza, me empuja y derrama mi café sobre mi atuendo. En un inicio, puedo sentir enfado, pero luego, por la práctica, soy capaz de observarme en ese momento con el enfado vivido, y es cuando sucede la magia: el enfado ya no encuentra solidez para seguir el rollo; sencillamente, el enfado se disuelve. Solo se fortalece si decido darle sustento o solidez, como el cuento de la pelea de los lobos en nuestro interior, ¿recuerdas? Por ejemplo, si empiezo a rumiar «pero ¡qué tonto este señor!, ¿cómo no se fija bien?, ¿acaso es ciego?, ¿es que no sabe caminar?, y ahora ¿tendré que ir con mi atuendo manchado?», puedo alargar este asunto por horas, meses, años y, tal vez, toda la vida, lo cual es realmente absurdo. Es entonces cuando decimos que se trata de un sufrimiento inútil. El sufrimiento puede ser útil cuando extraemos una lección de nuestro fracaso, de nuestro error, de nuestra pérdida…, pero se convierte en inútil cuando nos quedamos en el lamento eterno, sufriendo sin fin. Muchos hemos pasado por revivir hechos del pasado, con emoción y todo, con desgaste y todo, lo cual es un verdadero absurdo. Porque ya no regresaremos en el tiempo para solucionar algo, ya está hecho, ya pasó.

Y es así como se sostienen los resentimientos, las envidias y los celos, que tanto sufrimiento causan y desgastan emocionalmente. Es energía vital derrochada, como un caño de agua abierto toda la madrugada, en el que se desperdician litros y litros de agua, restando agua para millones de personas.

¿Qué tal?, ¿Cómo te sientes? Espero que bien. Con esta lectura, ya hemos hecho una meditación, espero que la estés disfrutando.

Antes de comentarte la siguiente técnica, es importante hacer la siguiente aclaración: el entendimiento racional es totalmente válido, pero la meditación va más allá de lo racional, se entrena la percepción, la intuición, se aprende desde nuestra corporalidad. Es otra forma de aprender, una forma integral y holística que cada vez se valora más y cobra mayor vigencia. No se trata de descartar el aprendizaje racional, sino de incorporar el corporal para potenciar nuestro aprendizaje, nuestra capacidad de percepción.

2. «Observar» nuestra respiración

Durante la meditación, la técnica consiste en ser consciente de tus inhalaciones y tus exhalaciones.

Un ejercicio clásico es contar cada exhalación hasta llegar a diez segundos. La idea es no distraerse, sino concentrarse.

Ocurre con frecuencia, sobre todo al inicio, que mientras estamos contando cada exhalación, estamos, por ejemplo, en el número cinco y nuestra mente se va hacia otro pensamiento, como algún recuerdo o sonido, un perro que ladró, un momento en el trabajo o en el hogar... Y luego nos damos cuenta de que hemos dejado de contar y de que no sabemos en dónde nos quedamos. Esa es la práctica.

Cuando ocurra esto, lejos de incomodarnos o fastidiarnos por habernos distraído, regresamos tranquilamente, como si no hubiera pasado nada en nuestra práctica, pero desde cero, y empezamos a contar nuevamente. Con ello podemos descubrir cuánto tiempo podemos permanecer concentrados en algo. Y este pequeño fastidio de habernos distraído es parte del entrenamiento. En todo entrenamiento hay caídas, así que hay que tomarlo con mucha calma. Si te has distraído, es muy importante regresar a la cuenta sin expresar ningún tipo de molestia, fastidio o cualquier otra emoción, ni enfado ni alegría. No hagas para ello ningún gesto con el rostro. De preferencia, ten un rostro relajado, sin expresión.

La práctica de contar las respiraciones tiene algunas variantes, puedes contar no solo hasta diez, sino hasta veintiuno. También puedes contar cada inhalación, o simplemente ser consciente de cada instante, justo donde termina la exhalación y nace la inhalación. Algunos ven en ello toda la manifestación de la vida: nacimiento, desarrollo y muerte.

Lo interesante de esta práctica, al igual que en la anterior, es que nos permite tener consciencia sobre hasta dónde podemos enfocar nuestra mente. En el camino budista la llaman «Shamata»: calma mental y atención plena, que ahora está siendo muy usada en las corporaciones. Es la meditación en donde entrenas la concentración, el enfoque, el mantener la mente en algo.

Haz la prueba. Cuando te concentras en tu respiración, no existe nada más. En ese momento, en tu mente solo está la respiración. Es entonces cuando ventilas tu mente, haces higiene mental, aclaras tu mente. Imagínate este ejercicio constante y por años.

Esto es trascendente cuando nos fijamos en el tema de las decisiones y las elecciones. Permanentemente estamos eligiendo, estamos optando, estamos eligiendo. Por ejemplo, ¿me caso o no me caso?, ¿me dedico a viajar o me quedo?, ¿me como un pedazo de torta o como una fruta?, ¿hago dieta ahora o más adelante?, ¿hago deporte o no?, ¿estudio tal tema o este otro?, ¿me acuesto temprano o leo un poco más? Permanentemente elegimos. No podemos elegir no elegir. No elegir ya es una decisión, una elección. Las ideas y las elecciones muchas veces son sutiles e inconscientes, como cierto alumno que, ansioso, le dijo a su maestro:

—Maestro, no tengo ideas, no tengo ambiciones, estoy preocupado.

Y el maestro le respondió:

—Desecha esa idea de la no idea.

El filósofo francés Jean Paul Sartre decía que el ser humano está condenado a la libertad, nada ni nadie es responsable de nuestro destino más que nosotros mismos, y no podemos abstenernos de elegir. Decidir que otro elija por nosotros es solo una trampa, un autoengaño: finalmente, es nuestra decisión que otro elija por nosotros. No podemos responsabilizar a nadie más que a nosotros mismos de nuestras elecciones y decisiones. Sin ser tan drásticos como Sartre, es importante reconocer que nuestras elecciones y decisiones son responsabilidad únicamente nuestra. Esto no significa estar condenados, como afirma Sartre, pero sí podemos aprender a ser más conscientes de nuestras decisiones y elecciones en la vida con un objetivo poderoso, dejar de sufrir inútilmente. Esto es un gran poder que tenemos en nuestras manos.

Sartre nos contó una historia que puede resultar muy útil. Además de que las historias nos quedan, son divertidas y facilitan la meditación: «Un joven, durante la Segunda Guerra Mundial, no sabía qué decisión tomar. No sabía si alistarse en el ejército por su país o quedarse con su madre, que estaba enferma. El joven fue con Sartre y le preguntó "¿qué hago?". Sartre le dijo: "Si hubieras ido con un militar, tal vez te hubiera dicho que tu país te necesita, que es momento de sacrificios, así que debes ir al ejército. Si hubieras ido con un sacerdote, tal vez te hubiera dicho que no puedes abandonar a tu madre. Ella te necesita más que nadie. Sin embargo, has venido a verme a mí, que enseño existencialismo, por lo que no te puedo ayudar. Es tu elección, tú debes decidir"».

Ciertamente, el budismo no comparte por completo la postura del existencialista, que no admite otra vida después de esta, pero el ejemplo puede resultar válido.

Y con la meditación, además de ser conscientes de nuestras decisiones, podemos ser más conscientes de nuestra capacidad de enfocar la mente en lo que queremos. Nadie nos obliga a rumiar por años, una y mil veces, lo duro que fueron con nosotros nuestros padres, por ejemplo, aunque también podemos vivir por años, si lo admitimos, con esa amargura, resentimiento y rabia. Siempre podremos encontrar un pretexto para recordar los terribles momentos que pasamos y sufrir permanentemente. Así, culpamos a nuestros padres de todas nuestras desgracias en la vida. «Si no me hubieran tratado así», «si tan solo hubieran sido más comprensivos», «si me hubieran dejado salir con aquella persona», «si mi jefe hubiera tenido mejor actitud», «si mi compañero de trabajo no fuera como es» … Lo cierto es que, una vez más, surge la decisión de dónde quiero enfocar mi mente, ¿en el lamento, en la cólera, en el enojo, en el resentimiento?, ¿o decido aprender de ello, mirar hacia otro lado y ver qué otras opciones tengo para enfocar mi mente?

Es una cuestión de decisión, las emociones también se eligen, tal como te comenté con el ejemplo de la señora que el policía detuvo. La señora decidió mantener la ira y el enojo, que pudieron durar cinco o diez minutos como máximo, pero se convirtieron en seis meses de sufrimiento desolador, privada de su libertad, incluso con enormes pérdidas económicas. Desde luego, la señora no eligió sufrir conscientemente, nadie sufre por gusto. Sin embargo, muchos, luego del error, siguen justificándolo y dan pie a que la ira continúe, hasta que, en cualquier momento, encuentre el motivo para explotar, con consecuencias que pueden ser devastadoras en nuestras vidas, causándonos verdaderos pesares. Lo más triste es que muchas veces es por una tontería.

Existen también muchas técnicas de visualización que podremos practicar en el taller, en el dojo. Lo importante es empezar a practicar y descubrir los innumerables beneficios y poderes de la meditación.

Lo ideal es que llevemos la meditación fuera de la sala o de nuestra practica en el cojín. Lo ideal es practicar permanentemente. La consciencia de estar presentes aquí y ahora corta con todo sufrimiento inútil. Si es preciso llevar un duelo por la muerte de un ser querido, lloramos, nos entristecemos… Si nos roban nuestro preciado celular, podemos también llorar y enfurecernos. Pero permanecer en esos estados durante horas, días, meses y años ya no es tan saludable. Desde luego, la muerte de un ser querido tomará mucho más tiempo de duelo que la pérdida de un celular, pero aun así la vida continúa, y en algún momento necesitaremos mirar hacia adelante y seguir viviendo. Estaremos eligiendo si nos quedamos o no, sumidos en el dolor de la pérdida de aquel ser que no regresará más. No se trata de que esto sea bueno o malo, pecado o virtud. Es sencillamente una elección entre quedarse sufriendo o buscar ser feliz o, por lo menos, buscar la paz. Siempre será mejor buscar la paz y la felicidad que sea posible. Si optamos por el dolor, nuestra tristeza y amargura crecerán y podrían desencadenar una desgracia aún mayor, como una depresión severa, la somatización de las emociones, degradarnos como seres humanos, el suicidio…

3. Meditación aplicada a la vida cotidiana

Muchos piensan o creen que la meditación consiste en estar en la postura clásica del yogui (que seguro conoces), cerrar los ojos, decir «ommmmmm…» y parecer que estás en estado de trance. Esto es solo un estereotipo de la meditación. Sin embargo, es cierto que existen mantras cuyo propósito está en la concentración del sonido y luego la visualización, pero no los abordaremos en la presente charla y guía por ser más complejos.

Meditar en la vida cotidiana no solo tiene que ver con realizar actividades como cocinar o hacer deportes, sino también con recordar el pasado o planificar el futuro.

Este punto suele causar confusión. Se nos dice que vivamos el presente, que meditar es estar conscientes del aquí y el ahora, pero también nos dicen que meditar incluye recordar y planificar el futuro, ¿cómo es esto?, entonces, ¿en qué quedamos?

Podemos recordar eventos pasados, no hay ningún problema en ello, pero siendo conscientes de lo que estamos haciendo, siendo conscientes de nuestras emociones y de cuánto tiempo queremos seguir recordando, todo esto sin dejarnos arrastrar por las emociones de ese recuerdo.

Ahora bien, supongamos que viajamos al pasado recordando el maltrato del jefe, viviendo intensamente la emoción, llenándonos de ira y enojo, y sufriendo como si realmente lo estuviéramos viviendo. Recordamos cada palabra de sus maltratos, pensamos en lo egoísta, malvado, ruin, vil, mala persona y mil cosas más de ese jefe, y sufrimos y sufrimos sin reparar, sin darnos cuenta de ello (ojo con esta expresión, darse cuenta, similar a cuando te distraes en el conteo de tus respiraciones). Significa que nos desconectamos del presente y que estamos reviviéndolo con gran intensidad, involucrándonos emocionalmente a aquel momento tan desafortunado. Agregamos más emociones, más amargura y más resentimiento, sin darnos cuenta de que el tiempo pasa, de que tal vez ese jefe ni siquiera se acuerde de lo ocurrido, de que es un evento que ya pasó, de que es solo un recuerdo, un espejismo, como una pesadilla; y vivir intensamente ese recuerdo es estar viviendo una ilusión, sufriendo inútilmente, es verdaderamente absurdo y desgastante. Ya no tiene ningún sentido. No es solo que no mejoraremos nada con nuestro dolor, sino que nos haremos más daño.

La actitud proactiva de la meditación podría ser recordar aquel evento, observarlo sin emitir juicio e intentar el acto heroico de preguntarnos qué puede enseñar este evento en nuestra vida, qué hemos aprendido con esto, para qué nos sucedió y qué necesitamos aprender.

Y luego de hacernos esta pregunta, seguir observando sin decir nada. El solo hecho de adoptar esta actitud ya cambia mucho. Muchas veces las respuestas pueden empezar a surgir mientras dormimos o haciendo otra actividad. Pero la sola actitud de observar soluciona nuestro problema casi en un 90 %. Por lo menos, soluciona el hecho de no sufrir por sufrir, o no sufrir por gusto, inútilmente. Consiste en no enfadarse con el enfado, como decía el Dalai Lama.

Recuerdo una anécdota de un tío que terminó la noche abrumado al no poder resolver un problema de matemáticas. Este tío, excelente ingeniero, es un profesor experto en matemáticas, pero este problema lo desbordó. Lo intentó por horas y no hallaba la respuesta. Llegó un momento en que no pudo más y se fue a dormir, era sumamente tarde. Y durante el sueño, en la madrugada, encontró la respuesta. Inmediatamente se levantó de su cama y resolvió el problema.

Así sucede muchas veces. No intento decir que durante el sueño encontraremos las respuestas a nuestras interrogantes, se trata de dar todo lo que podamos, tal vez sin llegar a sentirnos abrumados. Podemos ahorrar energía si somos más conscientes de lo que hacemos, y darnos cuenta de que, en algún momento, si seguimos apretando, esforzándonos, la respuesta surgirá de todas maneras. Tal vez no del modo en que nosotros queríamos, pero la vida siempre se encarga de darnos respuestas, de compensar nuestro esfuerzo, aunque estas no sean del modo que esperábamos. La ley del karma es infranqueable, y es una ley natural, como la ley de gravedad.

Resumiendo, podemos aplicar el siguiente método para resolver nuestros problemas: Meditar (contemplar sin decir nada), esforzarnos aplicando todos nuestros recursos y descansar, y así sucesivamente con perseverancia.

Y aquí surge un nuevo tema sumamente importante para la meditación: las expectativas.

Las expectativas no son buenas o malas. El punto es que pueden generar ansiedad, angustia y estrés. Tampoco es malo o bueno tener ansiedad, angustia o estrés. El problema es simplemente práctico. Nos pueden agotar y hacernos perder la claridad para abordar nuestros problemas.

La mente tiene recursos increíbles y podemos usar el estrés como un impulso. El problema está, nuevamente, cuando el estrés nos desborda, nos agota y nos abruma hasta el agotamiento físico y emocional, que ya resulta peligroso.

En otras palabras, el estrés y las emociones son peligrosas cuando nos dejamos llevar por ellas, cuando nos dejamos arrastrar como si tuvieran vida propia, pero no es así. Nuestra mente tiene que entender que las emociones no mandan en nuestra vida. Somos nosotros quienes decidimos los porcentajes emocionales en estas.

Volvamos a las expectativas. Las expectativas son nuestras decisiones. Es importante tener esto claro. Si queremos tener expectativas de algo, adelante, somos libres, es nuestra decisión, pero no nos quejemos si luego estas no se cumplen. La queja es nuestra responsabilidad, no de la expectativa que no se cumplió.

«Nunca pensé que el matrimonio sería así», «no pensé que iba tener un hijo tan ingrato», «no pensé que este trabajo sería tan terrible», «no pensé que mi mejor amigo me hiciera lo que hizo» …cada uno es libre de pensar y de creer lo que desee. Lo único que siempre te recuerda la meditación es que cada uno es responsable de lo que piensa, de lo que elige, de lo que desea, de sus expectativas.

Mucha gente dice «tal persona se me cayó, me decepcionó», bien, nadie te mandó a que lo pusieras en alto. Nadie te mandó a que lo valorases tanto. Las personas son lo que son.

Un conocido pensamiento del gran líder Gandhi dice: «cuida tus pensamientos que se tornan en acciones, cuida tus acciones que se torna en hábitos, cuida tus hábitos que se tornan en temperamento, cuida tu temperamento que se torna en destino».

Nos podemos crear grandes expectativas, somos libres de hacerlo, pero no siempre se cumplirán del modo en que las hemos soñado, del modo que las hemos querido. Es importante tener esto en cuenta. En todo caso, si tenemos muchas expectativas de algo en particular, hemos de ser conscientes de que no necesariamente se cumplirán. Es importante poner nuestro mayor esfuerzo en las expectativas que dependen de nosotros. Tarde o temprano, de alguna manera veremos que nuestro esfuerzo nunca será en vano. Es diferente hacernos expectativas de nuestros propios esfuerzos que de los de otras personas. Podemos decir y actuar sobre nosotros, pero sobre otras personas solo podemos pedir, hasta intentar persuadir, y nadie nos garantiza que la otra persona cumplirá lo que deseamos. Desde luego, hay grados y grados de confianza, pero garantías, ninguna.

4. «Observar» nuestro cuerpo y postura

La forma clásica de empezar la mayoría de técnicas en meditación es con tres inhalaciones y tres exhalaciones profundas. Inhalamos y exhalamos por la nariz.

Entonces empezamos a sentir las partes de nuestro cuerpo. Podemos empezar de la cabeza a los pies o de los pies a la cabeza. La idea es detenernos mentalmente en cada parte del cuerpo por breves segundos y sentir su vibración. Si estamos con la mente en los pies, empezamos a sentir la temperatura de los pies, la sangre que fluye en los dedos, y así seguimos recorriendo cada parte del cuerpo. Podemos hacerlo de forma pausada y tranquila, recorriendo los tobillos, muslos, piernas, columna, cuello, brazos, manos, dedos de las manos, cabeza y rostro. Es sumamente relajante, trata de no quedarte dormido. Quedarte dormido puede ser ciertamente grato y reparador, pero no es meditación. La consciencia de cada parte del cuerpo nos permitirá aflojar toda tensión. Vamos soltando. Esta idea de soltar es muy importante, pues también aprenderemos a soltar las emociones destructivas, las dejaremos pasar, no nos aferraremos a ideas y pensamientos que nos lastiman. Como, por ejemplo, algún evento del pasado que recordamos con pesar u otro del futuro que visualizamos con ansiedad, con angustia y miedo.

Mientras vamos soltando cada parte del cuerpo, vamos respirando suavemente. Todo esto nos dará una grata sensación de paz mental, de conexión con nuestro cuerpo, de serenidad. Y esta es la sensación que nos llevaremos luego a la vida cotidiana. Es cuando el cuerpo enseña a la mente nuevas formas de percibir el mundo.

La idea de «soltar» es parte de una metodología milenaria de la filosofía budista. Mientas más apego, mayor sufrimiento. Soltar es descargar la mochila, soltar es liberarse, soltar es libertad.

Cuando terminamos de recorrer cada parte del cuerpo, ya no prestamos atención a algún miembro en especial, sino que nos abrimos a la experiencia de sentir el cuerpo en general, ¿qué sensaciones tenemos? Podremos experimentar sensaciones agradables o desagradables, sin agregar nada. Tal vez nuestra pierna empiece a dormirse, entonces nos quedamos tranquilos, sin decir nada, y seguimos experimentando, prestando atención a las sensaciones del cuerpo. Tal vez experimentemos que la meditación resulta agradable. Igualmente, nos mantenemos sin decir nada. No nos aferramos a ninguna sensación, sea esta agradable o desagradable. Esta es la práctica.

Puntos básicos en el budismo y el zen

Para meditaciones más profundas, ingresaremos en temas recurrentes y básicos que forman parte de la filosofía y cosmovisión budista, tales como el yo, el ego, la dualidad, la interdependencia, la impermanencia, la vacuidad y el karma.

¿Quién es el «yo» ?, ¿quién soy?, ¿adónde voy?, ¿qué hago?, ¿para qué hago lo que hago?

Son las grandes y clásicas preguntas que se ha hecho el ser humano desde el principio de los tiempos, y que son la base de los estudios filosóficos, sus caminos y la mayoría de las religiones.

Y es que nos mueve algo esencial: la consciencia de la muerte.

Es interesante cómo la física cuántica se ha acercado cada vez más a la cosmovisión budista desde el punto de vista científico. Y efectivamente se puede comprobar que el «yo» es una sumatoria de causas y condiciones interdependientes e impermanentes, y que por tanto el «yo» no tiene naturaleza inherente. Todo es cambiante, se renueva constantemente. Los estudios cuánticos, a nivel atómico, ponen en duda la consistencia de la materia con sus experimentos.

La ciencia presta atención y valora cada vez más la meditación. Se hacen pruebas físicas de cómo ciertos lamas budistas, yoguis, son capaces de calentar su cuerpo con la meditación en entornos helados, o detener su ritmo cardiaco, entre otras pruebas asombrosas. Y aunque eso sea asombroso, no es lo esencial, como indican los lamas. Lo esencial es «ver claro, tomar consciencia y ver las cosas como son, y no con nuestros filtros, que todo lo distorsionan y finalmente causan sufrimiento».

El creador del sistema de meditación llamado «mindfulness», tan en boga actualmente, fue el profesor de medicina Jon Kabat Zinn, quien fue un estudioso y practicante del zen y yoga. Sus principios están basados en la filosofía budista y ahora se trabajan en corporaciones empresariales, incluso en el ejército norteamericano, según la información recibida del lama Rinchen, de la tradición Sakya, que dirige el Centro Budista Paramita, en España.

Psicólogos, psiquiatras y médicos en general reconocen, valoran y se abren cada vez con más fuerza a las bondades de la meditación, porque se están dando cuenta de que la razón no lo es todo, y de que la meditación nos abre nuevas puertas, nuevos mundos de autodescubrimiento que despliegan las potencialidades del ser humano.

Son mundos y son viajes que cada uno debe explorar por sí mismo. Podemos leer muchos libros sobre meditación y tener una gran versación intelectual sobre el tema, pero solo podremos acceder a esos mundos a través de la meditación, a través de la práctica.

Por ello, un maestro le hizo la observación a su discípulo sobre no confundir la luna con el dedo que señala la luna. Los lamas, los maestros, pueden guiar, pueden transmitirnos las enseñanzas, pero nadie puede hacer el viaje de autodescubrimiento por nosotros, nadie puede despertar por nosotros. Es un trabajo totalmente personal.

El propio Buda Siddhartha lo expresó a su manera: «A mí no me crean, cada uno deberá experimentarlo por sí mismo»

Cierto maestro zen le dijo a su discípulo:

—¿De qué vale que te expliquen mil veces lo que es una bofetada? Solo la entenderás cuando la recibas.

Este es el zen, la experiencia directa. Te la pueden contar de mil formas diferentes, pero cuando tú la experimentes tendrás tu propia versión.

Es como las novelas o las películas. Cada lector u observador repara en algo en particular, cada quien la interpreta según su cosmovisión. Finalmente, como dicen los autores, cada uno la reescribe nuevamente, y la novela o la película se actualiza, se vuelve a escribir.

Tengamos en cuenta en la meditación el tema del yo: ¿quién soy? Es un tema fundamental.

El yo

¿Quién es «yo» ?, ¿quién soy?, ¿cómo me defino?

¿Soy mi nombre, mi país, mi familia y mi comunidad?, ¿soy todo eso?, ¿soy solo eso?, ¿o algo más? ¿tengo alguna esencia, alguna naturaleza?

La imagen del mar puede ayudar mucho en ese sentido. Para indagar más sobre este «yo», necesitamos ver claro. Y en nuestra mente, como en el mar, puede haber muchas olas, muchos pensamientos diferentes, pensamientos de todo tipo, que nos dicen esto o aquello. Pero las olas siguen siendo parte de este gran mar, de la gran mente.

¿Soy lo que leí, lo que comí, lo que dije, los silencios que hice?, ¿soy mis buenas y mis malas acciones? Efectivamente, soy todo ello. Pero ¿de dónde surgió todo ello? De mi madre, de mi padre, de mis abuelos, de los padres de mis abuelos... También lo que leí provino de ciertos autores que influyeron en mí y que tienen sus propias influencias; lo que comí provino de ciertos cocineros, que también tienen sus influencias, sus causas y sus condiciones de nacimiento, y esas condiciones y causas de nacimiento tienen, a su vez, más condiciones y causas, todas ellas impermanentes e interdependientes hasta el infinito. Entonces, ¿cuál es mi esencia? ¿Puedo decir que tengo una naturaleza inherente?

El cuerpo finalmente muere. ¿Será que entonces la energía no se crea ni se destruye, sino que se transforma, como decía Einstein? Y ¿adónde va esa energía cuando el cuerpo muere?

Ciertamente, cada uno tendrá su respuesta, cada uno tendrá su verdad. Pero resulta interesante reparar en este detalle: «cada uno tendrá su verdad», cada uno elegirá su verdad, cada uno construirá su propia verdad. Y así tenemos muchas verdades, la verdad de Juan, de Pepito, de Lucía… Cada uno defenderá su verdad. Pero entonces, ¿podemos decir que mi verdad es *la* verdad?

Y regreso a la pregunta inicial: ¿quién soy yo?, ¿qué es el yo? ¿Cuál es la esencia del yo?

Vemos que cada «yo» tiene su propia verdad, cada «yo» ve el mundo de una determinada manera. Podemos darnos cuenta de que no hay solamente una verdad, sino muchas verdades, o muchas supuestas verdades, muchas formas de ver el mundo.

Vemos que cada «yo» construye y crea «la realidad» según sus propias creencias, hábitos, emocionalidad y forma de ver el mundo…

Por lo tanto, tenemos muchos mundos creados según cada «yo». En particular, son mundos según la proyección mental de cada «yo».

El «yo» de cada persona se aferra a un nombre, a un país, a una ciudad. Nos identificamos con este «yo» creador de mundos, un «yo» ilusorio, irreal.

El problema surge justamente cuando pensamos que vemos las cosas como son, sin darnos cuenta de que vemos las cosas según nuestros propios filtros. Es allí cuando surgen los conflictos, las guerras, las disputas, la competencia, la rivalidad. Entramos al clásico «yo tengo razón, tú estás equivocado». Intentamos, sin embargo, llegar a acuerdos, ceder o, como se dice actualmente, «ser tolerantes». Esto viene a ser algo así como «no estoy de acuerdo, pero lo tolero», o «lo aguanto, lo soporto», lo cual indica que hay una resistencia interna.

Es como el cuento de las hormigas y el elefante. Las hormigas se dividen en equipos y tienen como misión describir cómo es el elefante, así que un grupo de hormigas va por la cola del elefante, otro por la trompa, el lomo y la panza. Y luego, cuando tienen que describir al elefante, cada equipo lo describe según lo percibió. Quienes estuvieron por la trompa dijeron que el elefante era como una cuerda, quienes estuvieron por la panza dijeron que era algo abultado, como un gran tambor, y así cada equipo describió al elefante de distinta manera. ¿Quién tiene la razón? Con frecuencia, los seres humanos caemos en esta competencia absurda en todos los espacios familiares, de trabajo, de amigos, ni qué decir entre países y ciudades… Y los conflictos y las guerras son el pan de cada día.

¿El sello de la genética que nos hace únicos tiene naturaleza inherente? La genética que otorga mi sello viene de nuestros padres, ciertamente. Pero si queremos seguir ahondando, agotaremos toda la vida, porque nuestros padres también recibieron un sello genético, y así sucesivamente; además de que hay mil influencias de todo tipo que van formando el temperamento. Por lo cual se deduce que la genética tampoco tiene naturaleza inherente.

El ego

Cuando entramos en competencia, estamos fortaleciendo un ego totalmente identificado con un «yo» que crea verdades ilusorias. Y discutir y pelear por espejismos es verdaderamente absurdo. El ego es, en consecuencia, una postura absurda. El ego es la reafirmación de un «yo» que no tiene sustento, un «yo» que desea constantemente, que tiene carencias permanentes, que tiene expectativas; por lo tanto, un «yo» sin naturaleza inherente, que hace crecer el ego, y el ego, irremediablemente, nos lleva al sufrimiento.

Los aferramientos

Cuando nos aferramos a un «yo», como pretende hacer el ego, surge lo que tiene que surgir: el sufrimiento.

Y se dan recriminaciones como los que siguen:

«Pero ¿por qué no me crees?»

«Yo no te dije eso, te dije esto otro. Me has malentendido»

«Tú piensas esto de mí, y no es cierto».

—En política la derecha es mejor.
—No, la izquierda.

—Tal presidente es súper eficiente.
—No, es un ladrón.

—Esta religión es la verdad.
—No, esa religión es blasfema. Esta otra es la verdad.

Nos la pasamos defendiendo posiciones y posturas. Nos aferramos a nuestras creencias, a nuestros objetos personales, a las personas. Pero nada de esto nos garantiza la felicidad, la paz y la plenitud.

Seguimos con pensamientos del tipo «cuando me case, seré feliz», «cuando tenga tal empleo, seré feliz», «cuando viva solo, seré feliz». Vamos colocando nuestras expectativas en estas cosas, y cuando las obtenemos, surgen nuevos problemas, nuevas dificultades, nuevas expectativas, nuevos sufrimientos. ¿Es que la vida tiene que ser sufrimiento?

«¿Cómo se puede ser feliz si hay tanta gente que sufre?» pueden decir algunos con cierta razón. Sin embargo, podemos tener gratitud por lo que somos y compasión por quienes sufren. La compasión no es lástima. Compasión es trabajar por las causas del sufrimiento de las personas. Y dar es un camino seguro hacia la plenitud, hacia la felicidad, tal como lo han enseñado grandes líderes de la humanidad, como la madre Teresa de Calcuta, Francisco de Asís, Buda, Jesús, Gandhi y Martin Luther King, entre otros.

No es que todos tengamos que hacer lo mismo que la madre Teresa o Francisco de Asís, la idea sería que cada quien, desde su trabajo, ayudase a ser feliz a las personas. No ayudamos para que nos digan «santos» o para que nos coloquen una estrella, sino porque es algo práctico, hasta egoísta. Ayudar a otros, finalmente, es ayudarnos a nosotros mismos. Ayudar a otros o ser ético, diciéndolo de una manera sumamente coloquial, es, finalmente, el mejor negocio que podemos hacer.

Miremos el absurdo generado al dar empleo a mentes brillantes que se dedican a la fabricación de armas con tecnología de punta. Podrán ganarse millones de dólares, pero su integridad como seres humanos está en constante amenaza y corrupción. Así como en estos grandes genios de las redes sociales, que buscan la exactitud de algoritmos para que los usuarios consuman y se hagan adictos al producto, al consumo por el consumo. Estos grandes genios usan su gran potencial para enriquecer a grandes corporaciones, como Google y Facebook, entre otras, con herramientas poderosas como las métricas, el SEO y el geomarketing, entre otros.

La palabra clave que propone el budismo para los aferramientos es «soltar», y es una postura muy sensata y preventiva, teniendo en cuenta que nada es para siempre, que todo pasa, que todo cambia. Lo más seguro en la vida es el cambio, como bien lo dijo Einstein, y aquí viene un nuevo concepto clave en el budismo: la impermanencia.

La impermanencia

La impermanencia es ser consciente de que todo cambia. Nosotros cambiamos permanentemente, no solo mental, sino físicamente. Con los años, podemos ver que somos diferentes a las personas que éramos hace cinco años o más. Incluso cada hora, cada minuto, cada segundo se renueva nuestro ser.

El cambio se produce a cada instante con millones de células, átomos, sangre y fluidos químicos, nuestra mente aprende nuevas cosas, y desecha otras, adquirimos nuevos hábitos, las emociones se renuevan. Somos lo que comemos, y la comida tiene una larga cadena de suministros: clima, tierra, cosecha, agricultores y distribución, entre muchos otros. Somos nuestros pensamientos y somos nuestras emociones, y todas ellas tienen, igualmente, una muy larga cadena de suministros, cuyo rastro es imposible de seguir, se pierde en el tiempo. Si tengo tal creencia, ¿de dónde surgió?, tal vez de una lectura, de un suceso, de una experiencia… y esta lectura, ¿cómo influyó al autor?, en quien también influyeron millones de circunstancias, causas y condiciones. Y así sucesivamente, hasta el infinito. ¿De dónde viene un sonido? ¿Del objeto que suena?, ¿de mi oído?, ¿del registro de mi tímpano?

Esto es la impermanencia, y de esta manera podemos darnos cuenta de que el «yo» no tiene una naturaleza inherente, es una serie de causas, de condiciones en un continuo cambio y también, como veremos a continuación, de forma interdependiente.

La interdependencia

Es también otro concepto clave en el budismo, y también resulta evidente. Una pequeña acción en algún lugar termina repercutiendo a todo el mundo. Pensemos, por ejemplo, en el efecto invernadero, en la deforestación de los bosques, en el clima, en los vientos, en los deshielos, en la capa de ozono, en la economía en el mundo. Nada está aislado, nada es independiente. Todo surge por acciones que suceden y que elegimos, y se generan causas y condiciones para que surjan. Los hechos y eventos no surgen porque sí, al azar o de una manera fortuita, cada evento y cada hecho tiene una larga cadena que lo promovió y lo alimentó hasta que surgió, y cada evento promueve otro. Es como el efecto dominó, o como aquel documental sobre el efecto mariposa.

De manera que ya tenemos una mejor idea de quién es este «yo». Si quedaste más confundido, es una excelente señal. Hay que seguir meditando, contemplando lo que surge en tu mente, para llegar algún día al despertar, al vacío que todo lo envuelve.

La muerte de un niño pobre que fue atropellado no es un hecho fortuito: el niño estuvo justo en el momento en que pasaba aquel auto, el chofer del auto necesitaba pasar por ahí y no por otro lado, tal vez incluso se desvió del camino. El niño también tenía que pasar por ahí, tuvo que salir justo a esa hora. ¿Sus padres lo dejaron salir?, ¿tenía o no tenía padres?, ¿cómo creció ese niño?, ¿cuándo se fabricó el auto que atropelló al niño?, ¿con qué materiales?, ¿dónde se fabricó?, ¿quiénes colaboraron?, son miles de preguntas que pueden surgir y que tienen una conexión, nada está aislado. Pueden surgir temas económicos, raciales y políticos, y seguir, de una u otra forma, estando interconectados.

Esta interdependencia, interconexión, es como un gran tejido: se puede jalar el tejido de un pequeño rincón y todo el tejido se moverá. El mar es siempre el mar, pero nunca son las mismas aguas: se funden con las especies que se multiplican por millones; las algas, las plantas y las conchas impactan en el mar de mil formas y crean más formas, especies, estados… en las corrientes, en la sustancia de las aguas; las aves y los peces, igualmente, contribuyen a la renovación de las aguas, y este mar cambiante también impacta en el mundo terrestre y en la atmósfera de forma permanente. Los planetas no están aislados, se impactan de mil formas. Todos influyen e impactan continuamente, sin cesar, tal como conocen muy bien los biólogos.

Sería interesante, al sentarnos a comer, ser conscientes de que no solo tenemos un plato de comida porque lo preparamos con los productos de «nuestra refrigeradora» o porque lo compramos. Nuevamente, podemos indagar en esa interminable cadena de suministros. Si tuviéramos esta pequeña consciencia, podríamos vivir con más gratitud, con más capacidad de asombro, sin dualidad, integrando a todos a nuestra vida como un gran tejido, y la felicidad y el sufrimiento de unos serían la felicidad y el sufrimiento de todos. Los celos y las envidias no tendrían ningún sustento, serían absurdas, pues solo tienen cabida en el ego creado por un «yo» sin sustento. El amor, la entrega y la compasión serían lo natural y no tendrían sentido, no habríamos de existir para pretender ser buenos o para que nos coloquen una estrella en la frente.

Es como cuando nos duele la pierna y todo nuestro ser la padece. Nos sentimos integralmente mal. El ojo no diría: «oye, pierna, ese es tu problema, a mí no me duele nada», sería absurdo. Igualmente, de una u otra forma, todos nos afectamos a todos. Como dijo cierta vez algún filósofo, «no pasa una hormiga sin que se mueva el mundo», dicho de otra forma: «te mueves tú, se mueve el mundo».

John Kennedy dijo «no preguntes "¿qué puede hacer mi país por mí?", pregunta "¿qué puedo hacer yo por mi país?"». El «yo» es válido, tiene su utilidad, su función, pero no lo pongas de jefe en tu vida, porque darás lugar al ego, y el ego te hará sufrir.

Un maestro dijo «vencer un ejército puede hacerte un gran guerrero, pero vencerte a ti mismo te hará el mejor de los guerreros». Esto es vencer nuestro ego.

Karma

El karma es un tema muy importante en el budismo, el cual está ligado al futuro y, desde luego, a la muerte, al bardo (transición entre la vida y la muerte), y al renacimiento. No voy a entrar en la gran complejidad metafísica del karma, porque me dirijo a todos, religiosos, ateos, agnósticos... Pero sí quiero comentar que en la vida que tenemos podemos darnos cuenta, por esta interdependencia, por esta interconexión entre todos, de que nada es fortuito. Es lógico pensar que nada queda impune, y toda acción, por más pequeña que sea, tiene su reacción, sus consecuencias.

El karma, en la filosofía budista, no es destino. Es simplemente causa y consecuencia. Es una ley natural.

Hay gente que dice «no entiendo cómo hay personas que roban, grandes mafiosos que hacen tanto daño y tienen todo lo que quieren». No es tan cierto que tienen todo lo que quieren: son personas esclavas de su propia codicia, de sus propios deseos, y tarde o temprano cosecharán las consecuencias. Eso ni lo dudes, solo hay que observar con atención.

Del mismo modo, hay gente que anhela ser famosa y hay gente famosa que dice «he perdido mi libertad, no puedo ir a la tienda sin que me aborden, me graben y me pregunten cosas que no quiero responder, no respetan mi privacidad...». Mucha gente solo valora lo que tiene cuando lo pierde. Como estas personas que, agobiadas por la vida, intentan pasar droga por las fronteras, luego son descubiertas y ya es tarde para volver atrás. Tal vez estaban agobiadas, pero ahora que están en la cárcel su vida será mucho peor; es entonces cuando se darán cuenta de cuán afortunadas eran antes de ser apresadas. Si piensas que tienes problemas, recuerda que hay gente que daría cualquier cosa por tener el peor de tus días. El peor de tus días es, para mucha gente, el mejor. Piensa solo en el tráfico de adolescentes, en niños atormentados por las guerras, o ni siquiera por guerras, sino por padres alcohólicos, abusivos y criminales.

No nos engañemos, como en Facebook o Instagram, en donde todos sonríen para la foto y por dentro pueden estar viviendo un gran infierno.

La ley del karma es como la ley de la gravedad, y en la biblia se hace mención, de forma similar, cuando se dice «lo que siembras, eso cosecharás». Y esto podemos verlo en nuestras propias vidas, no hay necesidad de ser prestidigitadores o profetas. Siembra las causas y luego las cosecharás, tarde o temprano. No nos dejemos impactar por el brillo de las cosas, que pueden serlo en apariencia, pero estar podridas por dentro.

La vacuidad

Menciono el tema de la vacuidad solo de una manera ligera, para que la tengan en cuenta. Es un tema capital en la visión budista y está íntimamente ligado a la impermanencia, a la interdependencia y al karma.

Es un término bastante complejo en el budismo, y toma tiempo comprenderlo. Un profesor, en algún momento y hace muchos años, satisfizo mi inquietud por el término cuando me dijo que vacuidad es el mar de posibilidades.

Y aunque es buena respuesta, es mucho más que esto. La vacuidad nos permite comprender que las cosas no tienen una naturaleza inherente ni independiente, no están aisladas de la existencia. Vacuidad no es la nada, como podría pensarse en occidente. Vacuidad es la forma que adquiere el agua en la taza, aunque sabemos que el agua no tiene la forma de la taza, sino que adquiere la forma donde se encuentre.

Vacuidad, podría decirse, es el espacio que lo llena todo, pero que es imprescindible. Aun así, no hay concepto para definirla. Cualquier concepto es insuficiente.

La vacuidad es cuando se va profundizando en el yo y no queda nada, por eso decimos que no tiene naturaleza inherente o naturaleza propia. Ciertamente, algunos dirán queda el espíritu, que queda el alma, pero ¿y si estas entidades, alma o espíritu, también son impermanentes e interdependientes?, porque, como hemos visto, somos una infinita serie de causas y condiciones, entonces ¿qué queda? ¿De dónde vienen? Algo tiene que quedar, pero ¿qué?

En el budismo se dice que el vacío no tiene forma y que toda forma es vacuidad. Te dejo esta frase que requiere de meditación y estudio para profundizar y entender mejor el concepto. A los monjes les toma tiempo entenderlo, así que no hay que desmoralizarse. Intelectualmente es más sencillo, pero, para ingresar en aguas más profundas, es necesario evitar entrar por la vía de la razón, que también es necesaria e importante, sino entrar por la vía de la intuición, la contemplación y la meditación. Deja que las aguas de tu mente se aquieten y sigue observando. Deja que las aguas se aquieten para ver el fondo.

Meditación practicando aikido u otra actividad

La meditación en el arte marcial aikido vale para la meditación en la vida cotidiana. En este caso, me referiré especialmente al arte marcial aikido, cuya esencia filosófica puedes aplicar en tu vida diaria aun cuando no lo practiques. Es una disciplina con mucha influencia del zen y el sintoísmo, entre otras.

Puedes utilizar los principios filosóficos del aikido para tu vida y como parte de tu meditación, tu práctica o tu entrenamiento, según prefieras llamarlo. Lo importante es que tengas un bagaje de puntos de mira, para que luego, en la meditación, tengas más recursos, herramientas e ideas.

Vamos, en principio, a definir lo que es aikido.

¿Qué es aikido?

Aikido es un arte marcial de origen japonés, creado por el sensei japonés Morihei Ueshiba a principios del siglo anterior, quien, luego de aprender distintas artes marciales, principalmente las orientadas en el manejo de armas, creó un poderoso arte marcial y espiritual que bautizó como aikido.

Aikido se puede traducir como ai: armonía, ki: energía y do: camino, lo que vendría a llamarse «el arte de armonizar la energía de la vida, nuestra energía con el cosmos y con el planeta». Entonces, se trata de armonizarnos, conectarnos con el cosmos y vivir de acuerdo a sus leyes y principios. Recordemos, por ejemplo, el karma, que es una ley natural. Entender esto, no solo desde la razón, sino desde el cuerpo, nos hace amigos y hermanos de la naturaleza y del planeta: estamos unidos al todo y no disgregados o separados. Esta mirada de integración con el todo nos ayuda a evitar vivir en dualidad, lo que causa sufrimiento y pesar. En artes marciales se suele utilizar el concepto de «no mente» o «mente vacía», sin dualidad ¿recuerdas el tema de la vacuidad? Al vivir conectados con la naturaleza, ella forma parte de nosotros y nosotros de ella, con lo cual nos ocupamos de cuidar el planeta y todos los seres, no porque vayamos a ser santos, buenos o mejores que otros, sino que cuidamos el planeta y a todos los seres por la sencilla razón que de esa forma nos cuidamos también a nosotros mismos. Es una cuestión totalmente práctica, como hemos visto. Ni siquiera es algo egoísta. Egoísta es una etiqueta más. Es simplemente lo natural.

La filosofía del aikido se basa en el camino de la no resistencia, en la absorción y no en el rechazo, es el no aferramiento, el desapego. Se basa en una concepción integradora, no dual, en la que todo lo que nos sucede es un motivo de aprendizaje y todo lo que vivimos es parte del gran entrenamiento: todo y todos pueden ser nuestros maestros, según cómo se observe, por lo cual no hay razón para despreciar nada de lo que vivimos, ni a nadie.

Bajo este concepto y aprendizaje de conexión con el universo, con las personas, logramos entrar en un estado de libertad, de paz, de felicidad, de amor, de compasión y de serenidad mental; es la base de las técnicas en el aikido. En ese estado mental, nuestras potencialidades son sumamente poderosas.

¿Cuál es la propuesta y el objetivo del aikido?

Es diseñar y sembrar las bases para nuestra calidad de vida y la de todos los seres, e incluyen mente y cuerpo.

Son tres aprendizajes básicos: la postura, el desplazamiento y la respiración. Una vez aprendido esto, las técnicas simplemente fluyen.

Es un estilo de vida, una forma particular de ver el mundo. Aikido se practica en cualquier circunstancia de la vida, trasciende y va mucho más lejos de lo que es la defensa personal. Es un modo de vida, una forma de mirar el mundo, sin ego, sin espejismos, una mirada no ilusoria.

La metodología de aprendizaje

Es importante destacar que el aprendizaje en aikido es corporal. El cuerpo, en este caso, enseña a la mente, tal como lo hacen el taichí y el yoga, entre otras artes holísticas. No es como generalmente aprendemos, por ejemplo, en el colegio o en la universidad, en donde la razón es la herramienta fundamental.

En el caso del aikido, el cuerpo, tal como me enseñaron los senseis, tiene su propia memoria. El cuerpo, en base a repeticiones, incorpora y registra un aprendizaje o una habilidad particular. Por eso es muy importante practicar las técnicas una y mil veces. Con ello, nuestra habilidad crece y seremos cada vez más expertos. Cuanto más practiquemos, más hábiles seremos. Un alumno no le dice al sensei «¿por qué tengo que repetir esto tantas veces?». Solo hazlo, y cuando lo hagas muchas veces, lo descubrirás. Finalmente, el alumno crea y define su estilo.

Cuando aprendemos a través del cuerpo, este es quien se encarga de darle nuevos enfoques a la mente. Por eso, cuando la gente practica la meditación, el aikido, el taichí, yoga u otros durante años, su forma de ver el mundo cambia. Es inevitable. El cuerpo le *susurra* a la mente nuevos aprendizajes y definitivamente ya no somos los mismos, algo sucedió. No se trata de magia, sucede sencillamente que los movimientos del cuerpo, que implican suavidad, desplazamiento, armonía, estabilidad y salir de la línea de ataque (entre otros), nos abren nuevas puertas, nos permiten «ver», «darnos cuenta» de que hay nuevas posibilidades, de que la vida se puede mirar de otra forma. Si en algún momento estamos con un problema que nos agobia, con la práctica constante podemos tomar ese mismo problema, incluso, con una sonrisa. Esto no es un invento, simplemente sucede, y hay miles de practicantes que dan fe de ello.

Por esto es importante la práctica. Puedes tener miles de dudas, mucha confusión, mucho pesar, mucho sufrimiento, mucha pereza y mucha fatiga, lo que sea, pero nunca dejes de practicar. Cuando tengas dudas, solo sigue practicando. No es fe ciega, es fe en las bases sólidas que los maestros nos muestran.

Aprender a caer

En aikido se aprende a caer en base a técnicas de rodamiento aprendidas una y mil veces. Esto tiene una aplicación práctica en la vida diaria. Aprendemos a caer siempre con dignidad, con elegancia, con etiqueta. Esto le da, le otorga, le regala un sentido especial y trascendente a nuestra vida. Haremos todo cuanto realicemos en ella con ese toque de etiqueta y elegancia, lo que nos perfila para ser futuros maestros. Y enseñaremos, principalmente, con el ejemplo. ¿Quién no tiene fracasos, quién no tiene caídas?, es lo natural. Y son los fracasos y las caídas (aunque sean muy dolorosas y nos causen mucho sufrimiento) las que nos dan grandes lecciones en la vida. Esas caídas son también nuestras maestras.

Aprender a caer sin lastimarnos no solo es una técnica corporal, sino una actitud ante la vida. Muchos van por esta dando tumbos, de fracaso en fracaso, de pérdida en pérdida, de un sufrimiento tras otro. Es ese el momento de poner un alto, es el momento de aprender a pararse bien y de enfocar diferente. Y si caemos, sencillamente nos levantamos, sin tanto lamento, sin tanto drama. El aikido, en este sentido, tiene mucha similitud al estoicismo, aunque no es lo mismo.

La forma en que nos levantamos ya es un indicador. Es determinante si te levantas luego de una caída con abundancia de quejas o lamentos del tipo «¿por qué me pasa esto solo a mí?», «¡qué desafortunado soy!», «¡qué mala suerte tengo!», «¿por qué tengo tan mala suerte?»; o si, en su lugar, te levantas adolorido pero estoico, sin agregar más pena de la que ya tienes, sin agregar nada. Solo te sobas un poco, respiras y sigues caminando.

Vale investigar un poco sobre la actitud estoica. Séneca, el gran filósofo romano, fue uno de los pioneros de esta gran filosofía, que está muy difundida en el mundo. Puedes encontrar muchas conferencias en YouTube, muchas personas la practican; siempre es bueno recopilar nuevas ideas que nos enriquezcan, que nos cultiven como seres humanos.

La actitud estoica tiene que ver con una actitud de sencillez, de no estar quejándose en la vida y de tomar lo que se recibe con una actitud digna, alturada, ecuánime y tranquila. Un estoico no anda por la vida con aspavientos y escándalos. La mesura es su gran bastón. Su diferencia con el budismo es que este último agrega en su práctica la no dualidad, la integración, que es fundamental en el camino del despertar.

Todo suma para tu meditación, siempre puedes aprender de todos. San Francisco de Asís, por ejemplo, un joven rico que luego se despoja de todo para abrir su corazón a los pobres de espíritu, a la naturaleza y a Dios, es una gran lección de vida que todos podemos aprovechar para aprender. Sin duda, son grandes maestros de la vida. No te estoy diciendo que te despojes de tus pertenencias, como Francisco de Asís, es la práctica personal de liberación mental lo que quiero destacar, y lo que nos ayuda a no fortalecer un ego que nos llevará, irremediablemente, al sufrimiento. Escoge bien a tus líderes. No escojas a líderes de barro, que hacen mucha bulla, pueden ser muy mediáticos y desplegar mucho brillo externo, pero que interiormente solo tienen podredumbre.

No hay excusa para no aprender. Hoy en día, el internet nos abre puertas maravillosas e infinitas posibilidades de aprendizaje, y siempre hay formas y recursos cuando hay voluntad. No te distraigas demasiado con tanta información inútil en internet. El poder de hacer *click* es tuyo, no lo hagas en lo que brilla más o te distrae, no cedas a las distracciones. La mayoría de libros de autoayuda tienen razón en un punto esencial: finalmente es tu elección, tú tienes el control. Internet un mundo fascinante y maravilloso de aprendizaje, y es, paralelamente, un mundo que también puede llevarnos a la perdición. «El que busca, encuentra» dice el gran Jesús, y es muy cierto. Las cosas, como el dinero, el alcohol y las posesiones en general, no son buenas ni malas, esto depende de nuestra actitud ante estas, de cuán aferrados estemos a ellas y de cómo dejamos que nos hagan sufrir.

Mantener una postura adecuada

La postura es un indicador de nuestra vida, un indicador de cómo nos paramos en el mundo. El concepto es mucho más amplio, va mucho más lejos de cómo te sostienes con las piernas, se trata de una actitud. En este sentido, una persona en silla de ruedas puede tener una gran actitud en la vida, una postura sólida.

Pregúntate cómo estás parado en este momento, ¿con qué actitud?, ¿relajado?, ¿con miedo?, ¿confuso?, ¿seguro?

La actitud mental influirá en nuestra actitud corporal, y viceversa.

Si no nos paramos bien en la vida, si no tenemos una buena postura corporal, nos tropezaremos, nos caeremos. No apliques esto solo en la práctica de aikido, taichí u otras, aplícalo también en la vida cotidiana. Muchas personas se andan tropezando en la calle, golpeándose la cabeza… y esto no es simple mala suerte, sucede porque estamos con una disposición corporal determinada, una determinada actitud mental que nos predispone a caer, a tropezar y a golpearnos. Y por eso es tan importante meditar para ver claro. Esa es la idea de meditar, nada más práctico que esto. Y al hablar de tropezar y caer no me refiero solamente a tropezar corporalmente, sino a caer con las decisiones que hacemos en la vida.

Ver claro, como decíamos, es estar consciente de lo que hacemos. Podemos estar en la playa con un sol maravilloso, con una bebida y un bocadillo delicioso, y aun así estar pensando en nuestro divorcio, con lo cual, lejos de disfrutar de las condiciones maravillosas que tenemos, las desaprovechamos por completo y sufrimos inútilmente. Estamos creando nuestro propio infierno.

Cierta vez le preguntaron un lama (maestro) budista si era capaz de estar en varios lugares al mismo tiempo, como si fuera un poder especial, y el lama contestó: «nuestra práctica consiste estar en un solo lugar sin distracción. Esto significa que cuando como, como; cuando barro, barro; cuando limpio, limpio… Esto es lo que se practica: estar presente en lo que se hace». Si recuerdo el pasado, soy consciente de mi recuerdo, y es diferente a recordarlo y sufrir como si lo estuviera viviendo nuevamente. Es diferente recordar el pasado de forma consciente que recordar el pasado en distracción, el cual nos lleva al sufrimiento.

El desplazamiento

El desplazamiento es vital en el aikido, se trata de nuestra capacidad de movernos, de actuar frente a lo que se recibe.

Y, como todo en el entrenamiento, es una actitud totalmente pragmática. Tal vez te hayas comprado un vestido maravilloso para una cita con tu novio, con velas, con una comida exquisita y con un vino delicioso. Tienes todo previsto, y de repente te llama y te dice que no podrá asistir. Ciertamente, puedes llorar, maldecir y tirarlo todo. Pero las personas son lo que son, nadie te mandó a esperar nada, nadie te obligó a tener expectativas. De manera que eres responsable, una vez más, de tus expectativas, de tus decisiones, de tus elecciones. Si quieres llorar, perfecto. No se trata de tener razón o no. El punto práctico es que las expectativas que creaste son responsabilidad, enteramente, tuya.

Tampoco se trata de actuar como si todo nos diera igual. Si nuestra pareja no llegó a la cita esperada con tantas ansias y con tanta ilusión, sino que «el muy desgraciado» sencillamente prefirió no perderse el partido de fútbol, o avanzar el trabajo del día siguiente, sería perfecto llorar y desahogarse, pero la cuestión es por cuánto tiempo, cuánta intensidad le darás a esto. El enojo es totalmente válido en este caso, puedes reclamarle, pero ten en cuenta que tus emociones son tu responsabilidad, no la de tu pareja. Es muy importante entender y tener muy clara esta distinción.

Los ejemplos que pongo pueden ser aplicados de muchas formas, tanto para hombres como para mujeres.

Lo que quiero ilustrar es que nuestras emociones no dependen de las condiciones externas de la vida. Podemos tener muchos tropiezos, caídas, desilusiones e ingratitudes, pero la forma en que respondemos es enteramente nuestra responsabilidad.

No te digo que, si tu pareja te dejó plantada o plantado ante la cena maravillosa que preparaste, luego la recibas con una sonrisa maravillosa, llena de paz y alegría. No sería lo adecuado. Sería excelente hacerle ver tu dolor, el punto es ¿cuánto tiempo te durará?, ¿cómo enfrentarás la situación?, ¿cuál será tu respuesta?, ¿tendrás una capacidad de respuesta adecuada, asertiva y constructiva?, ¿o tal vez será destructiva?

Desplazarse, entonces, tiene que ver con muchas cosas más que solo con hacerlo con los pies. Requiere también de una actitud. Requiere moverse con seguridad, con firmeza y con solidez.

En aikido nos desplazamos con naturalidad, sin forzar nada, con total soltura, relajados. Cuando viene un ataque, o lo que sea, nos movemos, no nos quedamos paralizados por el miedo, por la duda ni por la confusión. Entrenamos para movernos siempre con pasos aprendidos y luego incorporados como nuevos aprendizajes, estos se hacen parte de nosotros. Son varios los tipos de desplazamiento que se utilizan, y todos ellos nos sirven para desplazarnos con naturalidad, para salir airosos de una situación o al menos para no salir lastimados. Y aun cuando el golpe sea inevitable, tenemos el aprendizaje de saber caer.

Aprendemos a movernos intuitivamente, porque no siempre hay tiempo para pensar. En aikido nos puede venir un ataque sorpresivo y pensar podría tomar mucho tiempo. En aikido, la respuesta fluye intuitivamente durante el acto. No se trata de suerte, sino de entrenamiento, de seguridad y de confianza.

El desplazamiento tiene que ver con nuestra capacidad de respuesta. ¿Cómo respondes frente a los sucesos que se presentan en tu vida?, ¿de forma proactiva o de forma reactiva?, ¿das golpe por golpe?, ¿ojo por ojo?, ¿das mal por mal?

En aikido, redireccionamos la energía del atacante. Si viene un golpe, no lo bloqueamos, como en karate, sino que salimos de la línea de ataque y aprovechamos ese desequilibrio del atacante, aprovechamos su postura desequilibrada para aplicarle una técnica de inmovilización. Con esta técnica, no solo nos cuidamos y nos protegemos, sino que también protegemos al atacante, y de paso le enseñamos que atacar no es lo mejor.

No siempre podremos proteger al atacante, entonces simplemente lo dejamos pasar y el atacante se terminará lastimando solo, con la fuerza de su propio ataque. Tal vez podremos evitarlo, de acuerdo a nuestro grado de compasión.

Hemos visto muchas veces cómo personas indignadas, furibundas y rabiosas golpean e insultan mientras que alguien graba con su celular, y luego le hacen linchamiento mediático. Podemos ver cómo se hace el harakiri con su propio ataque y con su propia actitud. La caída resulta estrepitosa, una estrellada terrible. Cuando una persona nos ataca, sea física o verbalmente, y no encuentra a su supuesta víctima, se va de bruces por la fuerza de la gravedad. Es una ley natural. Dejar pasar el golpe, salir de la línea de ataque, es esencial en la filosofía aikido. No hay violencia, es el camino de la armonización con la energía. Ni siquiera consideramos atacante o enemigo a quien nos ataca.

Es importante resaltar la circularidad en el aikido: los movimientos no son rectos, y esto permite actuar en conjunto con las leyes de la física. Puede parecer increíble a simple vista, pero es real. Tiene que ver con conceptos físicos, como la inercia, la energía y el vacío, entre otros.

Bloquear el golpe no es lo que se entrena en aikido, así que si no eres un karateca experto, que no ha entrenado su antebrazo, no se te ocurra bloquear, porque un bloqueo frente a un brazo fuerte te puede romper el antebrazo.

Otra razón de que no bloqueemos es que en aikido también entrenamos frente a la posibilidad de un ataque con armas. De manera que un karateca, por más duro que tenga su antebrazo, ante un cuchillo no podrá evitar el corte, si pretende colocar el brazo como escudo.

Siempre nos desplazamos con nuestro centro, no perdemos consciencia de nuestro Puntohara ni de nuestra respiración, y mantenemos una postura y un desplazamiento óptimo. Todo esto requiere años de entrenamiento. Pero aprendemos desde el inicio, desde cinturones blancos, el desplazamiento circular, que es la base. En este sentido, desde las primeras clases estaremos trabajando una excelente forma de meditación. En aikido, la actitud de aprendiz del cinturón blanco es esencial y no se pierde nunca.

La respiración

La respiración correcta, como hemos señalado, es muy importante en la meditación y en el aikido. En este punto, he de agregar que una respiración adecuada nos permitirá mantener una mente clara, sin obstáculos, fluida. Cuando tenemos una mente agitada o perturbada, los pensamientos que vienen y van no nos permiten ver claro, ver el fondo; nuestra mente se bloquea y queda sin recursos para una respuesta efectiva. ¿Tiene sentido?

Una mente clara se funde con el universo, de manera que ya no hay dos, atacante y atacado, sino uno. Somos uno con el atacante. Más que atacante, es parte nuestra. El supuesto otro es nuestra propia proyección mental. De manera que podemos movernos en armonía, aun con el supuesto atacante. El atacante nos permitirá realizar acciones circulares, como una atracción, que nos permitirán controlar la situación.

La mente que se funde con el universo es la no mente. Solo existe el aquí y el ahora. No estamos bloqueados, ni asustados, ni con ira, y podemos responder viendo las cosas como son y no con el filtro del miedo, la ira o la pena. Vaciamos el vaso.

En un antiguo cuento zen, un practicante muy diestro y muy hábil, con muchos años de entrenamiento, había llenado su mente de orgullo, lo cual es muy fácil en los seres humanos. Este gran practicante sabía que había un gran maestro en las montañas, así que fue a verlo, sin pensar en que el maestro le enseñaría algo, sino para demostrarse a sí mismo que un pobre viejo ya no tendría nada que enseñarle y que él había llegado a la maestría. Cuando el maestro lo vio, pudo darse cuenta de inmediato (así es la percepción de los maestros), de que el orgullo era el gran obstáculo y ceguera de aquel joven, una actitud muy común de los jóvenes frente a los ancianos. Así que el joven le pidió al maestro, de una forma algo altanera:

—Maestro, ¿qué más me puedes enseñar que yo no sepa?

El maestro, que le servía el té, empezó a servir hasta derramar el té de la taza, y lejos de reparar en esto, el anciano maestro seguía sirviendo, derramando el té con una gran sonrisa. El joven se paró, iracundo, y pensó internamente: «este pobre viejo ya no puede ni servir el té». El anciano, que se daba cuenta de todo, le dijo:

—Respondiendo a tu pregunta, no te puedo enseñar nada mientras no vacíes tu taza.

Con esto, el maestro le dio una gran lección al joven presumido, fanfarrón y lleno de un gran ego. Este joven tenía su taza, que viene a ser su mente, llena de orgullo e ignorancia. Con esta historia podemos comprender un poco más el tema del vacío o la vacuidad.

Una respuesta, una mirada sin filtros, nos ayudará a caminar, a pararnos sin tropiezos y a vivir con mayor alegría, plenitud, gozo, paz y felicidad, porque está libre de toda atadura.

Para el camino budista no hay mayor felicidad que el camino espiritual. Y el camino espiritual tiene entre sus máximas el amor bondadoso. El gesto de conectarnos con las personas y con el planeta es un gran gesto de amor. El amor es una entrega total, íntegra. El dar, como bien dicen los grandes practicantes, es clave para la felicidad.

Cito a una gran dadora del amor, como fue la madre Teresa:

—¿Cómo puede ser feliz limpiando vómitos y viendo tanta podredumbre? —le preguntó cierta vez una actriz de Hollywood a la madre Teresa.

La madre Teresa, que no había intelectualizado sobre el amor, sino que lo tenía incorporado en su cuerpo, dijo:

—Lo que hago es lo natural, yo no existo, no estoy concentrada en mi persona, viendo o sintiendo lo que puedo sufrir, simplemente veo a alguien que sufre y le alivio el sufrimiento. Eso me hace feliz. Se trata de esa inmensa alegría de aliviar y, si es posible, cortar el sufrimiento de otro. Y es que el sufrimiento del otro es finalmente mi sufrimiento, así como la alegría del otro es mi alegría.

No es el único ejemplo que tenemos de cómo este «dar» es un camino seguro para la felicidad. Entiendo que esto pueda causar cierta desazón cuando lo que más queremos es tener y tener. Sin embargo, no es que sea nocivo desear, tener y adquirir, es genial si deseas una buena casa, un gran viaje, una gran cena o un maravilloso abrigo, pero que tu felicidad no dependa para nada de eso. Nuestra felicidad no se mide por el valor de las cosas ni por condiciones externas, sino por la forma que adquiere nuestra mente. Tal como la historia del maestro y la taza de té. Pregúntate, sorprendiéndote en cualquier momento, de qué está llena tu mente aquí y ahora.

El infierno y el cielo están en nuestra mente. Un cuento zen de una antigua antología narra la historia de un samurái que, agobiado por la vida, se disponía a cruzar un puente. El samurái se debatía en la peor batalla de su vida, una feroz y encarnizada lucha existencial en su propia mente. Conforme caminaba, divisó un monje meditando en el puente. Cuando estuvo cerca del monje, el samurái le preguntó, hosco y con voz de mando:

—¡Tú! —exclamó dirigiéndose al monje—, ¿qué es el cielo y qué es el infierno?

El monje no se inmutó y continuó en su solaz y tranquila meditación. El samurái orgulloso, que no estaba acostumbrado a desaires, repreguntó, esta vez más enojado y elevando la voz:

—¡Tú!, te he preguntado qué es el cielo y qué es el infierno.

El monje, por segunda vez, prosiguió en su meditación, ignorando al samurái. El samurái desenvainó furibundo su espada, que elevó amenazante y, totalmente ofendido, rojo de la ira, gritó nuevamente:

—¡Si no respondes ahora mismo, te arranco la cabeza!

El monje levantó suavemente el rostro, con una ligera sonrisa. El samurái, desconcertado, retrocedió perplejo. Entonces el monje le dijo al samurái, que mantenía su sable en alto:

—¡He ahí el infierno!

Asombrado, el samurái empezó a guardar su espada, mientras el monje continuaba:

—¡He ahí el cielo!

El samurái no pudo contenerse y, en postura de agradecimiento, se inclinó con reverencia y le dijo al monje:

—Gracias, maestro.

El samurái había liberado su mente, se sentía gozoso y estaba totalmente agradecido. Una prueba más de cómo nuestra mente puede ser el infierno o el cielo, y no necesariamente un lugar o un espacio físico concreto.

El nacimiento del aikido

Es interesante notar que su nacimiento, a principios del siglo anterior, no es algo meramente deportivo o físico, sino una expresión, una manifestación de un camino espiritual.

«El Camino del Guerrero ha sido malentendido. No es un medio para matar y destruir a otros. Aquellos que buscan competir y ser mejores unos que otros están cometiendo un error terrible. Aplastar, herir o destruir es lo peor que un ser humano puede hacer. El verdadero Camino de un Guerrero es prevenir tal carnicería, es el Arte de la Paz, el poder del amor», Morihei Ueshiba.

Coaching para la meditación

Bases del coaching

En esta sección quiero compartir algunos de los principios básicos del coaching que nos pueden ayudar en nuestra práctica de meditación.

La práctica de la meditación es un proceso transformacional de la persona, hacia donde queremos caminar y hacia lo que aspiramos a ser como seres humanos.

El coaching se sostiene en un triángulo fundamental: cuerpo, palabras y emociones.

¿Qué es el coaching?

Coaching es un proceso de conversación en el que intervienen por lo menos dos personas, coach y coachee o cliente. Aunque, desde luego, también podemos aplicar las bases del coaching en nuestro propio proceso transformador.

Se tiene como padre del coaching a Sócrates, quien no señalaba el camino ni entregaba alguna fórmula o receta a sus discípulos para su aprendizaje. Sócrates hacía preguntas claves a sus discípulos para que ellos mismos llegaran a sus propias respuestas, a su propia iluminación.

En este sentido, tiene algo similar a las técnicas budistas, en donde el buda puede darnos muchas enseñanzas cruciales y esenciales, pero es el discípulo quien necesariamente tiene que recorrer por sí mismo el camino. Nadie, ni Buda ni Jesús, u otro maestro iluminado, pueden hacer el recorrido por nosotros.

De esta forma, el coaching también se conoce como el arte de hacer preguntas. Son preguntas que tienen alguna similitud con los koans zen, o paradojas que mueven al discípulo a pensar, a salir de su zona de confort, a mirar más allá de su esquema mental, para que se abra a nuevas opciones y nuevas posibilidades, y descubra y experimente su propia motivación, su propia verdad y el camino que quiere recorrer.

El tipo de preguntas son abiertas y no dirigidas a que el coachee tenga que escoger entre opciones. Se trata de preguntas amplias que permiten reflexionar al coachee y que busque su propia respuesta.

Son preguntas del tipo «¿cómo podrás solucionarlo?», «¿de qué manera crees que podrías hacerlo?» o «¿para qué haces lo que haces?». Son preguntas que dan un amplio margen de libertad al coachee y que le instan a hacerse cargo de sus objetivos usando todo su potencial, todas sus habilidades y todo su criterio. De esta forma, se pueden usar ejemplos, historias, metáforas y muchas otras herramientas a fin de que el coachee llegue a la respuesta que más le convenga. No la que más le convenga en apariencia, sino la que verdaderamente le convenga.

Muchas veces, el coachee puede decir:

—Todo lo que necesito es tener más dinero.

—¿Para qué quieres más dinero? —empezaría a preguntar el coach, indagando como un detective.

—Para estar mejor en la vida.

—Y ¿qué es estar mejor?

—Poder solucionar las cosas.

—¿Qué cosas?

Muchas veces, el coachee no tiene una idea de lo que quiere y, tal vez con las preguntas, descubre que en realidad quiere o necesita recibir más afecto de las personas, pero no lo ha verbalizado, no lo ha meditado, no lo ha enfocado bien. Entonces, en vez de enfocar o afinar la puntería, se distrae con nuevos zapatos, con fiestas o con postres ricos, que son solo distractores. Son como un chocolate, que nos alivia por un rato, pero luego la ansiedad continúa. Son como el escozor, que puede aliviar rascándose un momento, pero la picazón cada vez sería peor.

Me recuerda a la historia de un empresario que ve a un pescador echado en su bote, arrullándose con el vaivén del mar. Indignado, el empresario, al ver que no es «productivo» como él, le increpa:

—Oye, tú, ¿qué haces perdiendo el tiempo?

—Estoy descansando y disfrutando de la vida —responde el pescador.

—Deberías trabajar como yo, que trabajo todo el día —increpa el enojado empresario—: casi no veo a mi familia, pero le doy empleo a mucha gente.

—¿Y para qué hace todo eso? —pregunta el pescador.

—Para retirarme algún día, comprarme un yate y disfrutar de la vida —responde el empresario.

—Eso es justamente lo que estoy haciendo —le dice el pescador.

La idea no es decirte que hay que ser holgazanes, pero sí entender, en la paradoja de la historia, que muchas veces no sabemos lo que queremos y apuntamos hacia metas que no son las que en realidad necesitamos.

El coach no es un consultor que brinda las respuestas u ofrece al cliente los pasos que tiene que seguir. Un administrador, tal vez, sea un excelente profesional, pero le cuesta ordenar su vida privada. El coach, entonces, puede ayudarlo a usar sus propias herramientas de administrador para hacer gestión efectiva en su vida privada, con preguntas del tipo «cuando tienes una complicación en el trabajo, ¿qué haces? ¿Cómo lo haces? ¿Cómo te organizas?». Con estas preguntas, en algún momento el coachee irá aclarando su mente, hasta descubrir una respuesta satisfactoria. El coach es como un guía de meditación, pero a través de la conversación. Y utilizando, como te mencioné, historias, metáforas, paradojas y, sobre todo, preguntas.

El observador

Un punto esencial en el coaching es el tema del observador. El observador es la forma que cada persona tiene de ver el mundo, su punto de vista.

Nunca olvidaré a nuestro profesor de filosofía en la universidad, cuando dijo «la perspectiva que ustedes tienen desde sus carpetas es diferente a la mía desde este escritorio. Cada uno tiene su propia perspectiva, de acuerdo a dónde esté sentado».

¿Recuerdan el tema del «yo»?, cada uno construye su propia verdad, su propio mundo. De manera que no hay *un* mundo, sino muchos mundos creados a imagen y semejanza de quien lo proyecta, de quien lo crea. Curiosamente, el Génesis dice «el verbo creó el mundo».

Por este motivo, es muy importante darnos cuenta de qué tipo de observador estamos creando. Para ello, registremos en qué dedicamos la mayor parte del tiempo, en qué pensamos la mayor parte del tiempo y cuál es la emoción que generalmente habita en nosotros o la emoción que mayormente ocupa nuestra mente. Todo esto nos dará las pautas para trabajar en nosotros, en nuestras emociones, y determinar, por ejemplo, si queremos abandonar un viejo hábito o adquirir otro, uno nuevo y beneficioso para nosotros. Tres semanas, indican los expertos, es el tiempo preciso para adquirir un nuevo hábito. Requiere de un proceso de aprendizaje que consiste en estudio, comprensión, reflexión, meditación e incorporación del nuevo hábito en nuestro cuerpo. En el coaching, el aprendizaje, como vemos, no se intenta solo a través de la razón, sino también a través del cuerpo y las emociones.

El observador es como un detective, un acucioso y detallista observador de sus emociones, sus palabras y su corporalidad. Observa también detalles en otras personas, no para el chisme, sino para aprender cómo lo hacen los demás y cómo no deberían hacerlo. Pero para trabajar todo ello en su propia persona, nunca para denigrar o maltratar a otros. Es lo que los estudiosos de la programación neurolingüística llaman «modelar».

Modelar es registrar quiénes son hábiles en lo que queremos. En mi caso particular, alguien que me inspira mucho para ser un gran observador es Sherlock Holmes. Si bien este personaje dirige su máxima habilidad a encontrar la prueba del crimen, personalmente puedo modelar sus habilidades para lo que a mí me interesa, que no es descubrir eso, sino usar su metodología para detectar los puntos débiles y los fuertes de mi propio observador.

El observador es, entonces, alguien que vamos creando, puliendo y formando, y lo podemos hacer crecer y engrandecer o lo podemos llevar a la ruina moral y espiritual.

Todo observador tiene muchos filtros: la educación, los libros que lee, lo que consume… es válido decir que todos estos filtros nos condicionan para acciones de todo tipo, pero no nos condenan si no lo permitimos. El hábito condiciona al monje para su conducta, pero no lo determina. En otras palabras, «el hábito no hace al monje»

Tres zonas

En el coaching hablamos de tres zonas básicas en donde solemos ubicarnos: la zona de confort, la zona de miedo y la zona de aprendizaje.

Las tres zonas también pueden ser dinámicas e interactivas, es decir, funcionar tanto para nuestro beneficio como para sumergirnos cada vez más en el hoyo, en la oscuridad.

La zona de confort

Es aquella zona en la que, por comodidad, no damos un paso que puede ser trascendental en nuestra vida. Muchas veces, por comodidad, por costumbre o por miedo, no damos el paso necesario de riesgo que nos lleva a cualquier oportunidad de mejora.

Por ejemplo, la persona que está aburrida de su empleo va a su trabajo por obligación, y le resulta una carga insoportable, aburrida y monótona. Pero siente que se le acabaron las oportunidades, que tiene mala suerte o que así es su terrible destino.

Y cuando se le presenta una oportunidad, pone mil pretextos para no tomarlas. Por ejemplo, «ya para qué, mejor es malo conocido que bueno por conocer. No se sabe lo que pueda pasar». Con esa actitud nos anclamos en nuestra desdicha, vamos estableciendo o fijando anclas en la vida.

Está muy bien descansar y quedarnos en nuestra zona de confort para observar, pensar, reflexionar y recargar energías, pero quedarnos permanentemente en nuestra zona de confort, por flojera o por miedo, no nos ayudará a transformar nuestra realidad. El ocio es necesario y hasta productivo, pero necesitamos emprender si queremos cambiar algo. No cambiaremos haciendo siempre lo mismo de la misma forma.

Zona de miedo

La zona de miedo puede ser también la zona de confort, en donde no queremos arriesgar para mejorar, y ponemos excusas y pretextos, engañándonos a nosotros mismos. Sin embargo, la zona de miedo también es la zona de aprendizaje cuando aceptamos la oportunidad, cuando asumimos un nuevo reto, y lo normal es estar asustados y nerviosos. Aun así, lo asumimos y nos preparamos para lo que vamos a experimentar. No hay una gran oportunidad ni un nuevo reto que sea para nuestra mejora en el que no haya nerviosismo y miedo, pero con todo salimos al frente, sin apresurarnos, intentando afrontarlo con calma, respirando y usando las técnicas de meditación aprendidas. Luego, el miedo se torna en dicha, en gozo y en satisfacción.

La zona de aprendizaje

Esta es la zona en donde nuestro ser afronta, decide y elige con valentía, haciéndonos responsables de nuestras acciones. Es la zona del líder, un líder que puede serlo para otros, pero principalmente para nosotros mismos, para decidir con valentía y determinación nuestra vida.

Esta es la zona de evolución. La zona de confort y la de miedo también nos enseñan, pueden ser útiles y válidas, pero tenemos que salir de ellas y llegar a la zona de aprendizaje, para nuestra propia evolución como seres humanos.

Cuando estamos en esta zona de aprendizaje, todo suma. Como decimos en el aikido, todo es parte del entrenamiento. Cualquier experiencia, afortunada o desafortunada, puede ser una gran oportunidad de práctica y aprendizaje.

Vamos ahora al triángulo fundamental: nuestro cuerpo, nuestras palabras y nuestras emociones, que son muy importantes en nuestro proceso de transformación:

Triángulo fundamental

a) Nuestro cuerpo

b) Nuestras palabras

c) Nuestras emociones

a) Nuestro cuerpo

Nuestro cuerpo expresa, comunica y transmite mensajes y signos permanentemente. Desde la forma en que nos sentamos, caminamos y comemos ya estamos hablando de nosotros. Nuestra postura corporal puede expresar desafío, enojo, impaciencia, desconfianza, temor… son las llamadas disposiciones corporales. Existen posturas de resolución, de estabilidad, de flexibilidad, de apertura y de centro, es importante conocerlas y ponerlas en práctica. Si voy a una entrevista de trabajo, no puedo ir con la cabeza hacia abajo; si voy enamorar a alguna chica o chico, no puedo estar con actitud indecisa que inspire desconfianza; si voy a una cena formal, no puedo estar elevando la voz, gesticulando o haciendo los movimientos corporales que haría si estuviera en una reunión de amigos o en la playa. Para nuestras emociones es importante observar cómo nos estamos parando, desplazando y respirando.

Para saber qué estamos expresando, es fundamental reconocer estas posturas en nosotros mismos. Una cruzada de brazos puede significar impaciencia, cansancio o protección. Las manos en la cintura pueden ser coquetería o impaciencia, según el contexto. Siendo acuciosos observadores podemos reconocerlas, es parte del entrenamiento.

El lenguaje corporal expresa mucho más que el verbal, y por eso muchas veces nuestras palabras se desmienten ante nuestra expresión corporal. Esto lo saben bien los interrogadores y peritos policiales. Un pequeño rubor, una ceja que se levanta y las manos que se frotan son indicadores de algo que queremos ocultar, algo que queremos expresar o mil cosas más. Un silencio o una mirada hacia arriba pueden ser reveladores.

El lenguaje no verbal, gestual y corporal cada día cobra más importancia para extraer, decodificar los signos, y entender los mensajes que se emiten. Para quien quiera indagar más en el mundo de los signos, la semiótica es la ciencia que los estudia, la ciencia de decodifica el sentido de los mensajes. Un mensaje puede parecer de alegría, pero el sentido puede ser tristeza. Como ciertas sonrisas, por ejemplo, que disfrazan una mirada totalmente triste.

Ten en cuenta que el mensaje no verbal corresponde a un 93 % del mensaje, mientras el mensaje verbal tan solo a un 3 %. Y esto lo aprovechan mucho los políticos, la publicidad y los expertos en oratoria, entre otros. Una frase dicha en un tono bajo, sin muchas ganas, no expresa lo mismo que la misma frase dicha con entusiasmo verbal y corporal.

Según la forma en que lo utilicemos, nuestro lenguaje corporal será más o menos creíble. Y la credibilidad es fundamental. Muchas veces hay que aplicar el dicho: «no solo hay que serlo, sino parecerlo». Tal como comentó, por ejemplo, el lama español Rinchen: «Los monjes no podemos subir a los árboles» y ello porque, cierta vez, vieron a los monjes trepando en los árboles y en la comunidad muchos dijeron «y estos que parecen monos en los árboles, ¿pretenden enseñarnos algo?».

El ser humano capta, de manera inconsciente, ciertas expresiones, las llamadas microexpresiones del rostro, casi imperceptibles, de apenas un segundo o menos, pero que revelan la intención, el verdadero sentir del interlocutor.

b) Nuestras palabras

Las palabras también son reveladoras, no solo por lo que significan, sino por el tipo de palabras que elegimos, por la forma en que las decimos y por el tono de voz en que las entonamos. No hay duda de que dan a conocer a la persona. Por ello, si queremos ser más conscientes de nosotros mismos, reparemos en esta pirámide de aprendizaje.

Nuestras palabras revelan, por ejemplo, nuestras disposiciones para el aprendizaje.

Cuando decimos «esto me suena bien», estamos revelando que nuestra tendencia es más auditiva, que aprendemos más a través de la oralidad, que somos personas que reparamos más en las palabras y en los sonidos, que tenemos predisposición para la música. Otras personas son de tendencia kinestésica: se expresan mucho usando las manos y el cuerpo, tienden a moverse más que el promedio, son los llamados inquietos. Se agarran la cara, se estiran, dan palmadas, interpretan lo que dicen, aplauden… en fin, son muy activos corporalmente. Por ejemplo, los nórdicos, en términos generales, no son tan kinestésicos como los latinos o los sicilianos, que gritan, mueven las manos, el cuerpo, dan palmaditas en el rostro…

Los kinestésicos revelan en sus palabras cuando dicen, por ejemplo, «siento que no me crees». Desde que dicen «siento» están hablando de las sensaciones en su cuerpo. El kinestésico lo asocia todo, o casi todo, a su piel, a sus sensaciones.

Y los visuales son los que necesitan ver, y lo expresan con palabras del tipo «esto no lo veo bien», refiriéndose, supongamos, a alguna situación que perciben como negativa.

Dentro de las palabras es importante saber cómo decimos las cosas. La entonación, el timbre de voz, las pausas que hacemos… todo ello va influir en la comunicación, en el mensaje que expresamos. Podemos decir la misma palabra, pero con una entonación diferente, y el mensaje será opuesto.

Atención con las palabras que pueden transmitir mensajes que, sin querer, no sean gratas para nuestro interlocutor. Por ejemplo, las palabras presionadoras.

Palabras presionadoras

«Tienes que», «tengo qué», «debo», «debes»

Cuando digo «tienes qué» o «debo», estoy presionando a mi interlocutor o a mí mismo, y tal vez esa no es mi intención, con lo que mi interlocutor se puede sentir abrumado con mis palabras, aun cuando las diga con muy buena voluntad.

Igual funciona cuando las aplicamos a nosotros mismos. Por ejemplo, «tengo que ir a trabajar» o «debo ir a trabajar». Si lo expresamos de esa manera, podría funcionar como una carga, como una obligación. Esto puede suceder cuando no nos gusta nuestro trabajo. Entonces, en vez de decir «tengo que ir otra vez a mi "odioso" trabajo», podríamos decir «por el momento, esta es mi mejor opción, mientras tanto buscaré otro empleo». Es una forma de decirlo, esta vez de forma positiva. Parece mentira, pero la forma en que hablamos impacta en nuestra psiquis y en nuestras emociones. En realidad, nadie nos obliga a ir al trabajo, nadie nos amenaza. Habrá consecuencias desfavorables, seguramente, si no vamos, pero en la lista de posibilidades nadie nos obliga a ir a trabajar, salvo que estemos prisioneros en alguna celda. Aun así, como dijo cierta vez un sobreviviente de los campos de concentración nazi, «ellos tomaron por completo posesión de nuestras vidas. De lo que nunca pudieron tomar posesión fue de mi mente, y ese fue mi gran poder para salir adelante y sobrevivir»

Palabras descalificadoras

Tener cuidado con la palabra «pero». En ocasiones, alguien nos puede estar contando alguna historia que para él es importante y podemos decirle «pero a mí me sucedió algo más increíble». Tal vez no lo hayamos querido hacer de mala fe, pero nuestro interlocutor puede sentirse descalificado. Ese «pero» puede significar «tu historia es buena, pero la mía es aún mejor», y con ello, sin querer, desacreditamos o descalificamos la historia de nuestro interlocutor. Peor aún, nuestro interlocutor lo puede tomar como algo personal. No es ciertamente nuestra responsabilidad que se lo tome personal, pero también podríamos ser más empáticos.

También, dentro las palabras, tenemos los actos lingüísticos:

Los actos lingüísticos

Son las afirmaciones, las declaraciones y los juicios.

Las afirmaciones describen la realidad dentro de un contexto determinado y dentro de nuestro propio contexto. También hacen ver nuestra realidad y nuestra forma de ver las cosas. Decimos «esa pared es roja» y no hay objeto de discusión, salvo que la persona tenga daltonismo. También podemos decir «esa oficina es chica». Nuestro interlocutor, que está buscando lo mismo que nosotros, nos entenderá, pero una persona que no busque eso y para quien la oficina no sea chica, sino que, al contrario, le parezca que tiene un espacio excelente, no dirá «esta oficina es chica», dirá «está perfecta», y hasta podría decir «tiene buen espacio para lo que necesito»

Las afirmaciones dependen de en qué contexto las utilicemos. Por eso, en algunas ocasiones serán verdaderas y en otras, falsas.

LAS DECLARACIONES

Las declaraciones cambian el mundo. Son palabras que dice, por ejemplo, alguna autoridad: «Los declaro marido y mujer». A partir de ese momento, nada será igual. Fueron palabras que pudo decir cualquiera, pero las dijo un juez bajo ciertas circunstancias, y esas palabras crearán nuevos mundos para esas personas. Esas personas tendrán, a partir de ese momento, una nueva vida.

O también una declaración de guerra, un despido laboral o una declaración de cáncer terminal, declaraciones que tienen un impacto, una repercusión en nuestra psiquis

Podemos usar para nuestras vidas ciertas palabras declarativas que nos ayudarán enormemente, como «basta», «sí», «no» o «perdón».

¡Basta! Cuando decimos «basta» a alguien o a nosotros mismos, estamos declarando y colocando un límite que indica «hasta aquí», y es muy poderoso. Por ejemplo, cuando decimos «¡Basta!, ¡jamás volveré a caer en lo mismo!», estamos siendo conscientes y verbalizando, de alguna forma, que estamos hartos de tal situación y al fin estamos decidiendo poner un alto, así que nos comprometemos firmemente a emprender nuestra nueva acción.

Estas palabras nos ayudarán con cambios importantes en nuestras vidas. Ayudan mucho, por ejemplo, a alguien que decide que nunca más lo volverán a molestar.

Sí. Cuando te preguntan en tu boda «¿aceptas como esposa o esposo a tal persona?», si dices «sí» o «no», las consecuencias serán determinantes.

O si alguien te pregunta «¿puedes hacer tal trabajo?» y luego dices «sí», ya te comprometiste. Si no haces el trabajo, por más que no quisieras hacerlo, fue tu responsabilidad aceptarlo.

No. Es importante saber decir «no». Muchas veces, por ejemplo, decimos «sí», para quedar bien, pero luego no podemos cumplir, lo cual nos hará quedar peor, perdiendo credibilidad y confianza. Por eso hay que aprender también a decir que no. Se puede decir de buena forma. Aunque la persona se enoje, es nuestra elección libre decir «sí» o «no».

Perdón. El perdón es liberador, no necesitamos perdonar a la persona directamente, cara a cara. Podemos perdonar lo que alguien nos hizo y con ello estaremos aliviando o descargando una mochila muy pesada de resentimiento, odio, celos...

Gracias. La gratitud no corresponde solo cuando nos atienden, nos ofrecen algo y decimos «gracias». La gratitud es una actitud hacia la vida, a diferencia de la actitud de queja (cuando siempre hay un motivo para quejarse, hasta del clima: algunos no están contentos con el frío ni con el calor). La gratitud es consciencia de lo que tenemos, no solamente de nuestros objetos y posesiones, sino de nuestra capacidad de emprender, de hacer y de decidir libremente.

La gratitud es una actitud de consciencia hacia la gran cadena de suministros que es la vida y que nos da un plato de comida, salud, una cama para reposar, alguien para ayudar, recibir y dar afecto...

Una actitud de gratitud es un camino seguro a la felicidad, hacia la paz interior, hacia la plenitud.

Los juicios nos permiten diseñar el futuro. Son útiles para reflexionar sobre las posibilidades, pero pueden resultar nocivos cuando se toman como verdades inmutables. No son, de ningún modo, verdades, son enteramente interpretativos.

Ciertamente, hay juicios con mayor credibilidad que otros.

c) Nuestras emociones

Este punto es clave porque somos seres mucho más emocionales que racionales. Las emociones de las personas siempre están presentes en todo espacio, en el trabajo, en el hogar, con lo amigos…

«Esta persona me cae bien», «este no me gusta para presidente» y «este podría ser el candidato ideal» son algunos ejemplos de cómo solemos colocar nuestras emociones en todas nuestras actividades. Desde luego, unos son más emotivos que otros, pero aun los llamados «fríos» expresan sus emociones de una u otra forma, mucho más de lo que a veces pensamos. De hecho, muchas veces esa aparente frialdad solo es contención o represión, que tarde o temprano se manifestará, para bien o para mal.

Nuestras emociones básicas son la pena, el miedo, la ira y la alegría. Todas son útiles, pero es importante regularlas.

Es fundamental tener en cuenta que nuestras emociones necesitan regularse para procurarnos calidad de vida. Si las emociones nos gobiernan, nos llevarán a la desdicha y se pueden somatizar en inconvenientes serios de salud, como gastritis; problemas respiratorios, del corazón, el hígado y la piel; cánceres y otros.

Estamos en una época en donde la mayoría conoce que el sistema emocional favorece o baja nuestras defensas, que son muy importantes para nuestra salud. Y es que las emociones se alojan en nuestro cuerpo.

Para detectar bien nuestras emociones, es crucial sentir lo que ocurre en nuestro cuerpo. Puede ser una especie de vacío en el estómago (y no precisamente por falta de alimento), un cierto sentido de carencia o de asfixia, y así podemos detectar las ansiedades, las angustias, la nostalgia…

Cuando nos quedamos con una determinada emoción y la buscamos permanentemente para llenar vacíos internos, esta puede resultar adictiva.

Por ejemplo, rumiar una y mil veces, como una eterna letanía, sobre lo injustos que fueron con nosotros en la niñez se convierte en una adicción. Buscamos en esa sensación de desdicha, en ese sufrimiento constante, sin ser conscientes, una razón para existir, para justificar nuestros fracasos, para justificar nuestras frustraciones. Las emociones segregan sustancias internas, se pueden volver tan adictivas como las drogas y hacernos mucho daño.

Como reza la canción «odio quiero más que indiferencia», preferimos mil veces entrar en cólera, odiar e indignarnos para sentirnos vivos, para atraer alguna respuesta de alguien. Es como el niño que se tira al suelo en pataleta, buscando impresionar a su mamá. Hay mamás que, presurosas, van a recoger al niño o a la niña para prodigarle mil palabras de amor, y el niño sabe que eso le da algún placer; entonces sigue en pataleta, buscando más afecto, hasta que luego crece y repite sus pataletas o actitudes absurdas, buscando el consuelo de otros, pero se da con la sorpresa de que muchos de esos otros no reaccionarán como su madre cuando era niño, y antes lo mandarán de paseo. Algunos reparan en ello y buscan ayuda, pero otros siguen buscando llamar la atención de esa «madre», que ya no está, de forma permanente. Es algo que seguramente volverá a ocurrir en la vida adulta, hasta que el terapista, el coach, el psiquiatra o el maestro en meditación le muestre en el espejo su verdadero rostro y su actitud absurda.

Pasamos a las emociones básicas: Pena, cólera, miedo y alegría.

La pena

La pena es importante para llevar un duelo, como la pérdida de una persona amada y querida, o tal vez un objeto muy preciado. Perderlo requiere de un duelo, requiere pasar por la tristeza. Pero quedarnos en esa tristeza durante horas, días, meses y años ya no es sano, puede llevarnos a una depresión severa y terminar incluso en el suicidio, en necesidad de medicinas y terapias costosas y duraderas.

Desde luego, cada duelo tiene su propio proceso, no es lo mismo perder una persona amada que perder nuestro celular.

La cólera

La cólera es importante para hacer un reclamo de algo que nos perjudica o que perjudica a otros. A través de la cólera expresamos nuestra incomodidad al otro, nuestro disgusto, nuestro perjuicio. Sin embargo, la cólera tampoco necesita expresarse en maltratar al otro, ni verbal ni físicamente.

La cólera es válida en una fase del reclamo, pero mantenernos en una actitud basada en la cólera, en la permanente queja y en el disgusto puede llevarnos a la amargura y a la depresión, y somatizarse en problemas serios del hígado, en hipertensión o arritmia cardiaca, entre otros.

El miedo

El miedo es útil cuando nos alerta de un peligro inminente, como que un perro nos va a morder o una zona oscura en la ciudad. Cuando nos alerta y actuamos con el impulso que nos da, el miedo resulta perfecto. Pero cuando el temor nos paraliza al punto de bloquearnos para tomar acciones, entonces ya no es beneficioso.

Si no tuviéramos la emoción del miedo, podríamos caer en la temeridad, y nuestra integridad estaría siempre en riesgo. Por ejemplo, pasar por una zona peligrosa nos puede alertar a cruzar rápido, a mirar en todas las direcciones, a estar listos para gritar y pedir ayuda u a otra acción. Pero arriesgarnos sin motivo a pasar por una zona peligrosa puede no ser solo un acto de temeridad, sino un acto absurdo que puede llevarnos fácilmente a un peligro innecesario, incluso a la muerte.

La alegría

Las emociones anteriores son las llamadas «emociones displacenteras», pero la alegría es la llamada «emoción placentera». Es la emoción que nos procura las endorfinas y la serotonina, las sustancias y químicos naturales del placer.

La alegría nos ayuda en la motivación, en la actitud positiva y en la salud; sin embargo, es importante tener en cuenta que muchas veces se busca la alegría en bromas o en circunstancias en donde la alegría no cabe, es inoportuna y no ayuda, sino, al contrario, puede ser perjudicial. Por ejemplo, puede ser totalmente desatinado y poco empático pretender alegrar con alguna bromilla a una persona que está atravesando un mal momento, cuando antes necesita empatía, consuelo y, seguramente, mucho afecto. Desde luego, una sonrisa puede ser válida, pero según el contexto.

Protagonistas y víctimas

En el coaching, consideramos la posibilidad y la libertad de ser proactivos, de ser protagonistas o víctimas en nuestras vidas. Son dos actitudes clásicas e importantes de tener en cuenta, y con ello finalizamos con las herramientas básicas en el coaching. Existen otras, pero las que hemos desarrollado destacan entre las más importantes.

Protagonista

Es aquel que hace que las cosas pasen, aquel que decide y transforma su vida con consciencia. Es quien se hace responsable y asume sus actos, sus palabras, sus pensamientos y sus emociones.

Víctima

Es aquella persona que piensa que no tiene suerte en la vida, que piensa que la desdicha es su destino y que no tiene oportunidades. La víctima, muchas veces, tiene la queja como un hábito incorporado en su vida, generalmente se hace adicta de emociones como la pena, la ira y el miedo, y busca pretextos o se autoengaña, por temor o por comodidad. Aunque parezca absurdo, prefiere no encarar, no enfrentar, no mirarse en el espejo y ver más allá de su imagen lo patética de su actitud. Las víctimas no asumen sus responsabilidades y, antes, prefieren culpar a los demás de las suyas. Es una actitud que refuerza un «yo» aferrado, con un ego cada vez más sólido y que solo lo hace sufrir.

Crónicas del viaje

Quiero compartir estas crónicas que forman parte de mi camino y mi propio proceso de aprendizaje. Espero que puedan servirte de inspiración.

Hubert Lansiers, caminar entre las sombras

Uno de los hechos memorables de mi vida fue la visita, por motivos de trabajo, a los penales de «Castro Castro» y «Lurigancho»

Aquel submundo tal vez es el infierno. No me imaginaba hasta dónde podía llegar la degradación del ser humano. Al terminar aquella visita, mi primera reacción fue llorar, fue traumático. No quería regresar. Sin embargo, me enviaron nuevamente de comisión para el área de prensa donde trabajé.

Aquel suceso marcó mi decisión para cambiar el oficio de periodista que ejercía en ese entonces. Fueron varios los sucesos que me motivaron a cambiar de oficio, pero luego de que mi vida estuviera en juego varias veces por las comisiones de trabajo, en plena época del terrorismo, la visita a los penales fue, tal vez, la gota que derramó el vaso.

Sentí que arriesgar la vida no valía la pena. Respeto mucho el oficio del periodista, desde luego, y admiro la profesión, pero opté por hacer un giro dentro de las comunicaciones. Quería seguir viviendo. Aún tenía veintitantos años, y quería tener la experiencia de salir con alguna novia y disfrutar un poco de la vida.

La imagen que jamás olvidaré de aquella siniestra visita fue cuando, al retirarme del penal, volteé para mirar una vez más aquel lugar del espanto. No salía de mi alucinación cuando alcancé a ver a dos sujetos caminando juntos, envueltos en una frazada impregnada por la mugre. Estaban descalzos, con los pelos endurecidos y revueltos, y una suciedad inimaginable.

Los observé caminando en sentido contrario a la puerta de la salida del penal, donde estaba listo para retirarme. El desolador cuadro era como el de dos sobrevivientes luego de alguna explosión nuclear, yendo hacia algún abismo de la nada, algún lugar inhóspito del surrealismo más demencial, crudo y tenebroso.

Aún tengo aquella imagen grabada, fue una de las escenas más tristes y aterradoras que pude ver. Mi sentido de lástima y compasión por aquellos dos sujetos fue muy grande. «Nadie merece algo así, ¡en qué mundo vivimos!», pensé.

Me quedé con esa reflexión por meses, por años, jamás la olvidaré.

Como tampoco podré olvidar aquel espacio, dentro del mismo penal, en donde los policías, como parte de la visita, nos mostraron un lugar (a los periodistas) y nos dijeron que la policía llegaba hasta allí, era «tierra de nadie» y cualquier cosa podría suceder. Si uno iba, era bajo su propio riesgo. Sentí un hilo helado corriendo por mi sangre y un temor espeluznante. Hacía poco había visto por televisión el motín que se produjo en el penal «El Sexto», en donde clavaron un cuchillo (tal vez infectado) seguidas veces en la pierna de un trabajador del penal, luego lo rociaron con querosene y lo prendieron. Violaron también a una de las trabajadoras, la psicóloga del penal. La maldad y el ensañamiento que tuvo esa gente drogada para perder cualquier atisbo de escrúpulos fue algo que jamás hubiera imaginado ni en mis peores pesadillas.

Degradación, maldad y perversión en niveles grotescos y brutales marcaron mi psiquis, y de hecho abrieron un espacio, un atisbo de luz, para la compasión hacia el ser humano.

Al año siguiente, aún impactado, colaboré con mi esposa en algo mínimo: donativos y visita a los hijos de los presos. También fue desgarrador observar a esos pobres inocentes inmersos en un futuro incierto.

El tema de los penales, las cárceles, las vejaciones, el abuso y la degradación está ligado a un hombre que apostó por la compasión como jamás había visto, el cura Hubert Lansiers, sacerdote belga, capellán de los penales y profesor de filosofía del colegio «La Recoleta», donde estudié.

En aquella visita a los penales, me encontré con Hubert Lansiers en las afueras del penal, y raudo me acerqué a él y le pregunté si se acordaba de mí. En su clásico sarcasmo y acento francés me dijo entre risas:

—¡Cómo no me voy a acordar!, ¡pensé que te encontraría dentro!

Así era este cura, irónico y crudo como sus enseñanzas, llenas de paradojas, sin etiquetas ni frases hechas. Buscaba siempre la reflexión y despertar la conciencia del estudiante. Era como si te arrojara alguna palabra a la cara. Fue nuestro profesor de filosofía. No aprendíamos nombres de autores, fechas o los tipos de corrientes filosóficas, aunque también las mencionaba. Su método no era la paporreta, ni mucho menos, sino buscar la consciencia crítica. El costo era salir de sus clases con la mente por explotar.

La hora de clase se pasaba casi sin darnos cuenta, nadie quería terminar. Sonaba el timbre del recreo y seguíamos comentando y debatiendo. Era algo totalmente inusual, porque en la mayoría de las clases, apenas sonaba el timbre, todos salíamos volando. En algunas clases, hasta hacíamos cuenta regresiva con la emoción del grupo para salir corriendo como salvajes.

Lansiers no enseñaba para la nota, como sistema de evaluación o para cumplir con algún requisito de la malla curricular. Fue un maestro para la vida.

Nos enseñó sin rollos eruditos, sin sermones y sin aspavientos de tinte moralista. Iba a lo esencial, era enemigo de lo «políticamente correcto», así que no se andaba con rodeos, y eso nos valió para no estar quejándonos por estupideces.

Mi búsqueda del tesoro escondido no podría estar completa sin este Sócrates de la era actual.

Hubert estuvo en Vietnam y aprendió los principios del yoga y la filosofía zen, lo que es pecado para el catolicismo más ortodoxo. Pero Hubert no estaba para eso. No se hizo cura para exhibirse en hábitos o parecer un santurrón, sino para seguir la vida de un hombre que lo había impactado, la vida de un tal Jesús.

Cada recoletano tiene su propia historia con «Lanchón», como también le decíamos. En mi caso, sus clases de filosofía fueron la huella esencial. En ellas, mi cuerpo aprendió más que mi mente. Mi cuerpo incorporó la filosofía como una mirada de compasión hacia una humanidad enferma de violencia y horror. Mi cuerpo comprendió que la moral y la ética no son para el aplauso de las galerías, antes son esenciales para trabajar por un mundo mejor.

En su método no decía mucho, solo nos daba unas pequeñas pautas y nos guiaba para discutir algún hecho que nos hubiera impactado en los diarios o la vida cotidiana. Era la década de los ochenta, y actualmente esta metodología es usada por las corrientes más modernas y de vanguardia en la educación.

Nos enseñó también sobre sexualidad, mostrándonos las diferentes opciones sexuales que había, respetando a cada quien. Y reitero, en la década de los ochenta, cuando aún estaban lejos, al menos en Perú, las luchas por la igualdad y el enfoque de género. Sin duda, era un visionario.

Lanchón devoraba libros, enseñaba y servía. Esa era su vida. Su vestir era sencillo, muchas veces vestía de kaki y con un sombrero verde, al estilo de la legión extranjera, donde también sirvió de capellán. En su apariencia y formas no cabía un ápice de ostentación. Tenía una contextura delgada, como la de un faquir, y siempre llevaba un cigarrillo marca Inca en la mano, que dejaba una estela de olor a tabaco negro inconfundible, recordándonos para siempre aquella vivencia y experiencia de su persona y sus clases para la vida.

Nos dejó, como parte de su alucinante legado, un libro fuerte y crudo como él, ***Los dientes del dragón***, donde narra su vida y otros temas recurrentes en relación con la dignidad, los derechos, el servicio, el horror y la compasión hacia el ser humano.

Al final del libro, transcribe la entrevista completa que le hace un alumno recoletano, quien le pregunta «¿Qué espera usted del alumno recoletano?», y el cura, fiel a su estilo y en su modismo belga, responde displicente, crudo como siempre, irreverente e irónico, con una sola palabra: «Nada», mientras exhala con filosofía el humo de su cigarrillo negro.

Esa fue su respuesta. Y es que ese «nada» en Lansiers tal vez lo era todo. Era la actitud de un Sócrates que daba las pautas y señalaba caminos, pero te enseñaba que cada uno tenía la responsabilidad de construir y diseñar su propia hoja de ruta: «Ya tienes tu caja de herramientas, ahora trabaja»

No se podía esperar menos de un testigo de la guerra que, aun inmerso en muchos horrores, apostaba por la vida y la compasión. No solo aprendía de Lanchón los principios del zen, también nos recomendó su libro favorito, el cual guardo como libro de cabecera. No es de los grandes y clásicos autores que también ha leído con pasión, sino uno muy especial, que con ello también nos dice mucho: ***El Principito***, de Antoine de Saint-Exupéry. Es un libro del cual también nos regalaba, en ocasiones, sus frases esenciales.

Muchas veces la vida me parece injusta, cruel, absurda y caprichosa, pero cuando evoco las enseñanzas de Lansiers entiendo que la vida cobra un sentido especial y comprendo que la vida, muchas veces absurda, ya no es tan injusta, cruel o caprichosa, y antes entiendo que fui muy afortunado al haber tenido a un maestro como Lansiers.

En una de mis épocas de fumador fumé aquellos cigarrillos Inca, negros, para evocar y recordar a este cura nada ortodoxo, pero sumamente especial.

Un ser humano de una calidad excepcional.

Hasta siempre, querido Lanchón.

El anhelado shodan (cinturón negro en aikido)

Era el quince de marzo de 2018, 7:30 de la noche: luego de seis años de intensa práctica, había llegado la gran hora de rendir el examen para cinturones negros, el preciado shodan, primer dan de aikido.

Después de obtener el cinturón marrón, un año de preparación era lo mínimo que se exigía para rendir el examen shodan, aunque mi sensei decía que lo ideal eran dos años. Sin embargo, si entrenaba de forma regular y diligente, podía emprender el reto para un año, y así lo hice.

Se acercaba el gran día, pasaban los meses y las semanas, hasta que llegó el gran momento, un jueves cualquiera. Me encontraba inmerso en concentración, como un futbolista antes de un mundial. Tomé mi micro y emprendí el viaje al dojo de la Avenida Velazco Astete, donde se había programado el examen. Todo seguía su curso normal, para mí era un mirar hacia atrás todo lo vivido, desde mis primeros sueños y traspiés hasta lo que estaba viviendo en ese momento. Fui el primero en llegar, y poco a poco fueron llegando los compañeros de los diferentes dojos o escuelas, todos con el corazón en la mano, para rendir un gran examen.

Era un examen exigente, duro y memorable. El evaluador Víctor Merea, sexto dan, fue el encargado, con el permiso del

Honbu Dojo, con sede en Japón, entidad máxima del aikido en el mundo, de asumir la responsabilidad de evaluar a los futuros shodanes o cinturones negros, cuyos nombres quedarían registrados en el Hombu Dojo como aval y conocimiento para cualquier dojo en el mundo.

Llegó el esperado momento que había soñado desde niño. 7:40 de la noche, Víctor se levantó tranquilo para dirigirnos unas palabras no tan breves a todos.

—Les deseo a todos lo mejor —nos dijo—, seré exigente con lo requerido: Equilibrio, desplazamiento, distancia, apertura y actitud, entre otros, por lo que, si no veo esto, lamentablemente no aprobarán. Recuerden que este es un examen para shodan, y es importante ver lo que cada uno ha entrenado. Si alguien desaprueba, será simplemente parte del aikido, y con humildad habrá de seguir entrenando. Espero, de ser el caso que alguien desapruebe, verlo el siguiente año, con las mejoras que oportunamente se le harán saber para su progreso. Mucha suerte y disfruten el momento.

Estas palabras iniciales del evaluador sembraron o incrementaron el nerviosismo en varios de nosotros, la adrenalina estaba a full. Al parecer, el primero que salió no procesó lo dicho por Víctor, y salió como alma que se lleva el diablo, por lo que se cansó rápido. Víctor tuvo el buen tino de parar el examen, y le pidió que respirara y se calmara. El estudiante reparó en ello y continuó muy bien su examen, que al final aprobó.

Lo esperado y natural, como decía el gran Charles Chaplin, es salir a una gran representación con los nervios requeridos, como un estímulo inicial; luego, todo tendría que fluir en forma natural. Y fue así como salí a dar el examen, intentando tener tranquilidad, pero con cierto nerviosismo. Ya habían salido unas cinco o seis personas, eso me daba cierta calma, cuando que el evaluador dijo mi nombre. Había llegado mi hora. Decidí salir con una actitud totalmente potente, sabiendo que había entrenado fuerte, a conciencia. Y fue eso lo que finalmente me valió.

Marqué bien los desplazamientos e hice las técnicas con seguridad, decisión y control. Me tomé mi tiempo, fui fresco y tuve un buen manejo del espacio. Además, realicé las proyecciones con un despliegue de energía que, con seguridad, fue lo que generó los puntos y el criterio requerido para aprobar el test.

El intenso entrenamiento de un año, especialmente diseñado para el examen, que trabajé con el sensei Juan Carlos, requirió un gran esfuerzo: horas invertidas, vencer el cansancio, la pereza, los momentos de estrés y las dificultades laborales y personales, que nunca faltan pero que, felizmente, no fueron un obstáculo. Y estaba ahí para entrenar cada día que me tocaba, puntual en el dojo, pasara lo que pasara.

También tomé horas extras de entrenamiento con amigos de grados más avanzados en el aikido, que me brindaron su apoyo y ayuda para el examen. Asistí varias veces al Dojo Chuqiyapu para entrenar horas extras, lo que fue clave para el examen. Me ayudaron excelentes amigos, como Jonattan, Giancarlo, Luchito y los grandes Oscar e Isabel, que lo están dando todo por el aikido.

Una de las palabras de mi amigo Jonattan, que también fue mi sensei, fue decisiva:

—Nadie te apura —me dijo—, haz lo que sabes, tómate tu tiempo. La evaluación no es sobre la velocidad de la técnica, sino sobre el control.

Fueron también las palabras permanentes y claves de mi sensei Juan Carlos, con quien estuve entrenando casi tres años.

Sin duda, la cabeza de nuestro dojo, el sensei José Tarrillo, fue finalmente, con gran fuerza y tenacidad, el artífice de nuestro camino en el mundo del aikido.

Desde niño soñé con ser un maestro en artes marciales. En ese entonces practicaba el kung-fu. Fue la serie *kung-fu*, con la interpretación de David Carradine en el papel del monje Shaolin Kuan Chan Keine, que me marcó y me inspiró a elegir ese estilo de vida, a abrazar un sueño increíble. Fue algo que me deslumbró desde la primera vez que lo vi.

Recibir el cinturón negro fue una de las emociones y sensaciones más increíbles que haya podido tener. Fue algo más que especial, algo que marcó mi vida para siempre. Es uno de los acontecimientos más importantes de mi vida, el sueño que abrigué desde niño, y finalmente había logrado cumplirlo.

El sueño cumplido tuvo sorpresas muy especiales, como el obsequio de un amigo que me apoyó en el tremendo proceso de entrenamiento. Giancarlo Arata, con gran espíritu de la etiqueta del aikido, me obsequió el anhelado cinturón negro. También me apoyó, con mucha pericia, un buen investigador del aikido con excelente técnica: mi amigo y sensei Jonattan Traverso, que viene haciendo una gran labor en el aikido.

—Ahora veremos de qué madera estás hecho —me dijo uno de los compañeros con quien entrenaba antes del examen. Aunque lo sabía, no quería quedar mal conmigo ni con los demás.

Giancarlo fue mi uke, es decir, a quien tenía que aplicarle las técnicas en el examen. Lo hice con tanta energía, tal como había pedido el evaluador Víctor Merea, que mi pobre amigo terminó con los ojos cerrados, intentando rescatar el aliento. Fue realmente duro y emocionante, pero cuando vi a mi amigo casi sin aire me preocupé, además, porque tenía mi edad, ya no era ningún jovencito.

No permitieron grabar aquella noche mágica. Había llevado mi cámara bien preparadita, pero tuve que guardarla. Tampoco permitieron que los familiares entraran, porque el espacio era reducido, y fue totalmente a puerta cerrada. Solo estábamos los que rendiríamos el examen, los ukes y los profesores. Me pareció una especie de logia secreta. Solo hay algunas fotos representativas, tomadas por algún travieso que no hizo caso pero a quien agradezco. Esta privacidad le dio el halo enigmático, de misterio y de magia que hizo de aquella noche algo aún más especial.

La jornada terminó casi a la media noche, luego del examen de todos los postulantes. El evaluador, nuevamente, se paró de su asiento, caminó lento y dedicó nuevas palabras a todos, recalcando que quería ver a quienes habían desaprobado el año siguiente. Y, de esta manera, anunció a los desaprobados. Fue muy penoso escuchar algunos nombres, en especial dos que eran de mi agrupación, y uno de ellos había entrenado conmigo. Al parecer, actualmente han dejado de entrenar, ojalá que no se den por vencidos. Pero fue realmente emotivo saber que yo no estaba en esa lista de desaprobados y que, por tanto, había logrado el gran sueño de mi vida. Aunque sabía bien, disculpando la ausencia de modestia, que había dado un examen excelente, aún tenía las palabras iniciales del evaluador Víctor grabadas en la mente, y me imaginaba que podía mencionar mi nombre entre los desaprobados. Estaba atento a que dijera la primera letra de mi nombre, pero eso no sucedió. Fue un suspiro de alivio, en el silencio de la etiqueta quería levantarme a gritar y celebrar a todo pulmón, como un gran gol de fútbol en el mundial. Pero en la etiqueta del aikido hasta eso cambia, y realmente la alegría es suficiente por dentro. No hay más.

Aquella gran noche no pudo ser más perfecta: fue un logro a una edad que no imaginaba y en un arte marcial que tampoco imaginé, y fue el inicio de una gran etapa nueva en mi vida. Era el inicio de mi vida como shodan, una nueva aventura se había iniciado y las cosas luego del examen jamás podrían volver a ser igual, un nuevo aprendizaje se había consolidado.

Vencí a uno de los grandes demonios de mi vida, el miedo y la angustia. Viví durante muchos años acompañado por este monstruo, un tipo de miedo y angustia que, si bien no me limitaba del todo, tampoco me permitía la tranquilidad que quería. La batalla fue un proceso largo. Busqué atenuarlo y vencerlo de muchas formas, pero gracias a la práctica del aikido, y todo lo que esto conlleva, la conquista se dio casi sin darme cuenta.

Hoy en día, el miedo y la angustia pueden seguir haciéndose presentes, pero con mucho más control.

Actualmente, he tomado nuevas prácticas como un shodan, todo de manera muy natural y fluida, como si estuviera entrenando. Hice un cambio necesario de sensei, tenía una nueva visión en el entrenamiento, nuevos enfoques y análisis de las técnicas. Es algo nuevo, muy interesante y más amigable, en donde disfruto de un aikido tranquilo, suave y de mucha armonía, como bien quería el fundador. Aunque con más años encima, también con muchas ganas de continuar esta gran aventura.

Pese a que no llegué a ser el monje Shaolin que había anhelado, la vida dio un giro especial y, como una gran paradoja, como una especie de broma rara o algo así, cumplí, casi sin darme cuenta, este gran sueño, este gran anhelo, con toda la filosofía y la etiqueta que quería y que ahora forma parte de mi vida y de mi ser.

Fue aquella actitud con la que salí a rendir mi examen, fue la espada que cortó de raíz y dio muerte al miedo y a la angustia. Esta espada se ha incorporado en mi cuerpo y consolida algo más poderoso que un cinturón, pues es algo simbólico, es la trayectoria la que consolida el verdadero logro y es la que me ayuda en las diversas circunstancias de mi vida personal.

Algo que siempre hay que tener en cuenta es la mente del aprendiz, la mente del cinturón blanco siempre es la apertura para aprender, es la ceremonia del té, con toda aquella sutileza y pulcritud. Viene a ser un camino de etiqueta, de disciplina, de honor, de respeto, de armonía, de paz, de amor, de compasión y de felicidad.

Del pequeño saltamontes al shodan (cinturón negro)

Intentando emular al pequeño saltamontes, practiqué kung-fu en un templo, una vieja casona en el distrito de Miraflores en donde se enseñaba el kung-fu estilo Shaolin, pero al cabo de unos seis meses desistí por el ritmo de los estudios universitarios. Fue algo que me dejó muy triste, porque era un sueño que quería conquistar. Pensé que podía superarlo, me dije a mí mismo, en un intento de consuelo, que había sido un error iniciarme en el kung-fu a los dieciocho años, pues ya estaba *viejo*. Sin embargo, el sueño de ser un experto en las artes marciales nunca se fue.

Y en esa incansable búsqueda descubrí el budismo zen, un camino de mucha influencia en las artes marciales. Me compré un libro sobre el budismo y empecé explorar un poco más, también empecé a practicar en soledad algunos rituales. Y, sin querer, ya estaba inmerso en el budismo. Curiosamente, todo empezó a fluir de una extraña y misteriosa forma. Luego entendí que era el karma y que sucedía por las condiciones que yo mismo estaba sembrando. Nada es gratuito, nada sucede por casualidad.

Conocí al poco tiempo a un profesor que dictaba el curso de budismo de la Universidad Católica. El encuentro también fue muy curioso: Paseaba feliz con mi café, en una de mis exploraciones maravillosas, por el campus la Universidad Católica, que siempre ofrecía una rica y diversa variedad temática: los amplios jardines, las facultades, sus programas y el santísimo, un espacio de silencio muy especial. Entre idas y venidas, descubrí un gran tesoro: el centro de estudios orientales, con colecciones fabulosas, espacios silenciosos y sillones para el deleite de la lectura y la reflexión. Y para completar la alegría y la sorpresa, el centro ofrecía nada menos que un curso de budismo. No podía dar crédito a mis ojos, que casi lloraban de la emoción. Efectivamente, nada era casual.

De alguna forma, sentí que compensaba ese sueño esquivo de ser un monje Shaolín. Por lo menos, podía seguir la filosofía y el camino espiritual, que era bastante.

Empecé a asistir a las clases de budismo y, luego de unas semanas, le consulté al profesor si también hacía práctica de meditación budista, así que me invitó a participar en un grupo de budismo tibetano que él dirigía. El profesor Juan José Bustamante es ahora el presidente de la Asociación peruano-tibetana, y participé en aquel grupo unos siete años. Aquellas enseñanzas fueron esenciales en mi vida, y el grupo de personas que conocí fue maravilloso. He tenido el gran gusto de volver a ver a algunos de ellos.

El budismo tibetano fue una excelente opción, pues yo buscaba el budismo zen, hasta que encontré un grupo de personas que practicaba el zen y me quedé con ellos un par de años. La meditación me llenaba tanto de energía que quise probar con algún arte marcial, y el kendo me pareció increíble, pensé que no era algo muy exigente. Todo ese mundo de la espada, el samurái, el honor y la etiqueta japonesa me resultaban fascinantes.

Se encendió de nuevo la chispa de aquel sueño del pequeño saltamontes. Entrené un par de años, hice muy buenos amigos y tuve una lesión en el hombro.

En realidad, el kendo me estaba saturando, y entrenaba intentando ser fiel a mi sueño, pero cada vez me resultaba más difícil. No obstante, la idea de abandonar mi sueño por segunda vez se me presentaba intolerable. Era algo que me desmoralizaba, no quería aceptar que me estaba asfixiando. Estaba en una lucha interna por seguir mi sueño y, a su vez, la exigencia del kendo me tenía extenuado.

Intenté con el taichí y el yoga, e incluso tomé clases de Shiatzu Zen, pero no me llenaban del todo.

El aikido ya venía rondando en mi cabeza, y la lesión que tuve en el hombro fue una buena excusa para cambiar de arte. Me decía a mí mismo que esperaba lograrlo esta vez, hasta que, finalmente, pude cumplir mi gran sueño. La tercera fue realmente la vencida.

Lograr el shodan, el cinturón negro en aikido, fue incorporar en mi cuerpo, mente y espíritu aquellas enseñanzas y principios de un arte marcial con raíces profundas del zen, del sintoísmo, del budismo, de la etiqueta, de la magia y de la enigmática enseñanza japonesa.

Pero lo mejor de todo es que me saqué el clavo, cumplí finalmente mi gran sueño, y eso realmente me dejó muy satisfecho.

Travesía por los clásicos oráculos del Oriente

- El *Tao Te King*, de Lao Tzu.
- *El arte de la guerra*, de Sun Tzu.
- El *I Ching*, de Confucio, y otros en diferentes tiempos.
- *Los cinco anillos*, de Miyamoto Musashi.
- *La tradición zen*, del budismo.

Se trata de una colección que te lleva a los misterios más remotos de la cultura oriental. Son verdaderos oráculos de consulta, de sabiduría y de grandes historias para meditar.

En el *Tao Te King*, de raíces taoístas, puedes encontrar aquella memorable enseñanza del arte de pelear sin pelear. Y es también una estrategia que propone el libro *El arte de la guerra*.

El arte de la guerra no es un libro que promueva la guerra, se trata más bien de una serie de estrategias para encarar diferentes situaciones difíciles en cualquier ámbito de la vida, como puede ser el trabajo, la familia, los amigos y el club, entre otros.

Cita, por ejemplo «moverse en el terreno difícil» o «el ejército enemigo», pero no son frases literales, sino metafóricas. El terreno difícil puede significar que no es el momento adecuado para actuar, o que trabajar en tales condiciones no es la mejor opción en ese momento.

Es un libro para interpretar y acomodar con creatividad e ingenio y de mil maneras en nuestras vidas, o también en las empresas u organizaciones. En estos libros, el lector ejerce un gran dinamismo, se convierte casi en un cocreador de los textos. Cada lector reinventa su propio final y da vida al oráculo.

El *I ching*, igualmente, es un libro de consultas, un oráculo en donde vamos armando, a través de hexagramas y trigramas, de acuerdo a unas instrucciones particulares, el sentido de lo que estamos viviendo. Además, nos da las pautas y las pistas para actuar, jugando con un sin fin de posibilidades siempre auspiciosas.

Se trata de libros en donde el instinto, la investigación, la creatividad y la paciencia para armar el rompecabezas, hasta dar con los acertijos, las encrucijadas y las paradojas juegan un rol muy importante. Son un excelente motivo de meditación, de estudio y de contemplación.

En mis clases de budismo, el profesor hacía citas del *Tao Te King* con una edición del Dr. Honorio Ferrero, quien hizo una excelente traducción e interpretación de cada enseñanza.

Los cinco anillos, de Miyamoto Musashi, ***El samurái legendario*** y ***El código del Bushido*** son libros que muchos empresarios usan para sus negocios, en los que actúan como verdaderos generales y organizan sus ejércitos trabajando la mística, el temple del guerrero y otros clásicos como el honor y la etiqueta. Son libros de la tradición samurái.

Por último, ***La tradición del zen***, que contiene enseñanzas memorables.

Y así, estos grandes libros, llenos de paradojas y mundos fascinantes por descubrir, nos ofrecen cientos de enseñanzas.

Otra de las grandes enseñanzas es la resiliencia, que cada vez es más conocida en el mundo occidental y es esa capacidad de transformar lo negativo en positivo.

Cuando un fino jarrón se rompe, nunca será igual si se pegan los pedazos. El jarrón ya no es el mismo. Sin embargo, esos surcos, esas huellas, son parte de la historia de aquel jarrón que no es el mismo, pero que está transformado, recuperado y tiene su propia historia, su propia belleza.

Y así podemos ser las personas. Podemos estar destrozados por dentro, pero también podemos levantarnos, y aquellos surcos, aquellas huellas, serán parte de nuestra historia, con una vida enriquecida, transformada y con mayor sabiduría para aportar.

Una travesía mágica y misteriosa

En una de mis travesías por el centro de Lima, que siempre me gustaba recorrer, en la Plaza San Martin, cierta tarde quedé deslumbrado con unos exponentes de artes marciales. Exhibían un kung-fu acrobático fuerte que me impactó, y no dudé en acercarme al profesor para ser parte de su escuela.

Me invitó a su casa para conversar y a los pocos días me presenté. Vivía por el barrio chino, y luego de conversar un rato me hizo un tour por los antiguos templos chinos, en donde me dijo que practicaron los primeros inmigrantes e hijos de inmigrantes. Pedía permiso a los chinos viejos antes de ingresar a aquellas edificaciones derruidas por el tiempo.

El profesor me explicaba que había aprendido kung-fu con un maestro chino, muy respetado en el barrio, y que por eso lo dejaban entrar.

Era increíble ser testigo de aquellas viejas casonas desgastadas por el tiempo, con los leones y dragones en las entradas como símbolos del resguardo, la fuerza, el poder y la vigilancia dentro de la fastuosa mitología China.

Visitamos unos seis de estos templos. Y me dijo que había otros, pero que a esos no nos iban a dejar entrar.

—Son muy celosos estos chinos —me explicó.

Fue un paseo de casi toda la mañana, una travesía increíble, un gran viaje al pasado. Luego de varios años, intenté hacer nuevamente aquel recorrido, pero no encontré ninguno de los templos, como si hubiera sido algún tipo de sueño o alguna ilusión, y por supuesto que nadie me daba razón de los templos, hasta me miraban como si estuviera un poco zafado.

Llegué a pensar que tal vez todo fue parte de un sueño o alguna fantasía. Lo cierto es que algo extraño ocurrió. Di vueltas toda la mañana e intenté recorrer las mismas calles, pero no encontré un solo templo.

Vacaciones forzadas

Luego de llegar a un alto grado de estrés en el trabajo, ahora estoy en mi casa sorprendido con unas vacaciones forzadas. Desde luego que tenía otros planes, pero ahora estoy aquí.

Uno de mis planes era darme tiempo para el nuevo libro que estoy escribiendo, no esta guía, sino unos cuentos. Tenía ese sueño oculto de irme a una cabaña alejada del ruido para escribir mi libro, internarme como una especie de monje zen en un retiro espiritual para batirme a duelo con mis propios demonios, en una lucha a muerte con la pluma.

Narradores como Sartre en *La náusea*, *Por los caminos de la libertad*, *La montaña mágica* de Thomas Mann y *La guerra y la paz* de Tolstoi, entre otros, ahora resuenan más que nunca en mi mente, y no puedo sino evocarlos ahora que estoy, no en un bosque retirado, lejos del mundanal ruido, con su violencia ritual propia de las grandes ciudades, sino que estoy en casa.

¡Cómo no evocar *Por los caminos de la libertad* casi como el susurro del moribundo que camina como un zombi luego de sobrevivir al horror de la guerra!

¡Cómo no evocar *La montaña mágica*, ese aislamiento voluntario al sanatorio de Hans Castorp, quien decide recluirse para no regresar jamás a una sociedad enferma!

¡Cómo no evocar *La guerra y la paz*, para darnos cuenta de que la especie humana es la única capaz de cometer los peores y más nefastos crímenes! Es tal como estamos haciendo con la naturaleza, que, aun siendo conscientes de su gran belleza, optamos por una economía de mercado que nos expone a permanentes guerras y conflictos.

No me fui a un bosque lejano, a una montaña lejana. Estoy en casa, sabiendo que la gente también está en sus casas, sintiendo un silencio especial, algo que empieza a ser grato. Tal vez sea terrible esta enfermedad de pronóstico incierto, pero algo mágico ha sucedido hoy. Hay cierto silencio, y me he conectado más fácil que otras veces con el silencio interior.

La ciudad descansa de la gente que toca la bocina sin cesar, de la gente que no es consciente de la contaminación sonora, de lo perjudicial que resulta, así como otros modos de contaminación.

Tal vez todo esto sirva para que la gente se mire un poco más en el espejo y se pregunte: «¿quién eres?», «¿adónde vas?», «¿qué haces?»

Si hay alguien que dude del poder de la literatura, es sencillamente porque aún no ha sentido el gran viaje. No me he internado en una montaña lejana, pero he podido degustar el valor del silencio, en especial el interior. He almorzado con mis hijos un menú muy sencillo, pero ha sido más que especial.

He realizado hermosos viajes literarios a través de grandes novelas, me han dejado profundas marcas de vida. Y en este momento de crisis puedo decir, absolutamente seguro, tal como lo decía el eterno maestro Borges, «que otros se enorgullezcan por lo que han escrito, yo me enorgullezco por lo que he leído». Ahora lo comprendo bien, porque Borges también se internó en una montaña mágica muy particular, esa montaña fue la biblioteca de su padre, aquella biblioteca de la que jamás salió, tal como el mismo maestro Jorge Luis lo dijo de forma metafórica.

Su mensaje fue esencial, es la gran aventura del escritor. Sin duda, los libros, las grandes novelas, nos elevan a viajes inmemoriales, inmortales e imperecederos. Y en momentos como estos son cruciales.

Hoy pude estar en *La montaña mágica* de Thomas Mann, susurrando como un zombi las voces de la vida y de la muerte, como narraba Jean Paul Sartre, observando la belleza y el absurdo, como lo hizo Tolstoi en *La guerra y la paz*.

Esta noche haré como me han dicho muchas veces mis maestros: «quédate con esa sensación», y aquella sensación ya está en mi cuerpo, para quedarse en el país de Nunca Jamás, Peter Pan.

Mi hermano murió

Este hecho fue el golpe más fuerte y desgarrador de mi vida.

Tenía cincuenta años y dejó dos hijos pequeños, de once y nueve años. Es algo en lo que me podía romper la cabeza pensando, pero no podía entenderlo.

Nunca lloré tanto, el dolor de cabeza (la cual sentía que iba a explotar) vino con náuseas.

Que muriera un hermano entrañable y menor fue algo que realmente me agarró de sorpresa. No era solo un hermano amado, sino también un ser humano maravilloso. Era algo a lo que no podía dar crédito, pero había sucedido.

Han pasado dos semanas y por momentos me conmociono, diciéndome a mí mismo «¡Ya no está! ¡No puede ser! ¿Es verdad? ¿Fue un sueño?».

Fue un hermano con quien convivimos en la casa de mis padres, de quien conozco anécdotas e historias a montones.

¿Cómo podía ser posible algo así?

Luego, su esposa me contó que, antes de desvanecerse, mi hermano abría y cerraba su manito, intentando luchar contra la muerte. Trataba de dar mensajes, no se daba por vencido, pero su cuerpo y su cerebro se apagaban poco a poco. Intentaba comunicar algo a su esposa. Su esposa lo tranquilizaba, pero Calito, ya casi sin signos vitales, se sentía culpable de ver que sus facultades se disolvían y no poder hacerse cargo de las cosas, como siempre lo hacía. Y es que era totalmente entregado a su familia.

Llevaba a los chicos al colegio, los recogía, los ayudaba con sus tareas, los acompañaba para dormir y cada fin de semana dedicaba su tiempo a su familia. Llevaba a uno de sus hijos al fútbol, lo estaba promoviendo para jugar en las grandes ligas. Mi sobrino es un crack del fútbol, y mi hermano era su coach permanente, tanto en la parte física como emocional. Quería seguir estudios de coaching deportivo para saber más sobre cómo potenciar a su hijo. Le celebraba permanentemente sus goles.

Para mi hermano, el mundo podía seguir cualquier curso, pero él nunca dejaba de gritar y publicar a los cuatro vientos «¡Golazo de Gian Piero!», que era su hijo. Publicaba sus goles en todas las redes sociales.

Se daba tiempo para organizar los paseos y viajes para su familia. Y, como tenía un don de gentes impresionante y una enorme tolerancia, era, además, el administrador de su edificio, donde tenía que lidiar con algunos inquilinos morosos y hasta malcriados (que nunca faltan).

Ese fue mi hermano, a quien le dedico este libro con amor. Estoy seguro de que sentiré de alguna forma su sonrisita cómplice, agradable y llena de amor y de paz, estoy seguro de que me regalará su sonrisa, que llevo siempre en el corazón.

Mi hermano se fue, pero les enseñó todo a sus hijos, tal vez más de lo que muchos padres pueden hacer en toda una vida. Por eso, estoy seguro de que sus hijos, junto a su madre, siempre sabrán qué hacer, siempre lo tendrán presente.

Desde luego que las personas morimos, pero mi hermano era joven y estaba disfrutando y gozando de su vida. No podía entenderlo, pero ciertamente las personas mueren y no hay garantías de nada.

Hasta que, en mi grado de lucidez para tratar de entender lo inentendible y más allá de que había partido y no había nada más que hacer, también tenía que decidir con respecto a mis emociones, ya que me sentía devastado.

Fue así que empecé a revisar mis antiguos textos, mis prácticas de zen, empecé a ver nuevos géneros de películas y documentales que hablaran sobre la muerte.

Y empecé a aceptar, a soltar.

Inicié un programa para las redes sociales al que puse por nombre *Arte, meditación y vida*. Y llamé *La muerte* al primer programa, donde hablé de mi hermano, de la muerte y de los recursos de la práctica del zen como una forma de lidiar con este evento tan drástico y tan crudo que me desbordó.

Hacía un tiempo que quería hacer un programa para las redes, pero no me animaba, no encontraba la motivación suficiente.

Ahora siento que mi principal motivación es la idea de compartir algo que he aprendido y que puedo brindar, que puedo ofrecer como un aporte personal, pero, en especial, con amor, el amor por compartir.

La partida de mi hermano fue el gran impulso para dar este paso, él fue la gran inspiración.

Una forma de resiliencia, aunque ¡vaya forma!

El duelo

Desde el día del fallecimiento de mi hermano, no he hecho otra cosa que replantear mi vida, además del evento del virus que ha cambiado la historia y el curso de la humanidad para siempre, una humanidad ajena e insensible al cuidado del planeta, entregada a un deseo incontrolable de poseer y poseer cada vez más dinero, poder y prestigio, entre otros.

Al parecer, es una cuestión de causa-efecto, una cuestión kármica que sucedería de una u otra forma, con pandemia o sin ella. El planeta ya no daba más.

Y, por si fuera poco, Calito, en pleno disfrute de su vida, se va para siempre a otro mundo, dejando una esposa y dos hijos pequeños. Calito… ¡tantos recuerdos! Nos deja su ternura, paz y amor. Un hermano maravilloso.

La muerte viene en cualquier momento, y es importante vivir en paz, en alegría, con amor, con fe y con ilusión en el amor y en la paz cada nuevo amanecer.

El amor ha sido la mejor medicina para poder aceptar la partida de mi hermano.

Calito marcó en nuestras vidas un antes y un después,
el evento nos golpeó fuerte,
un ocaso en el horizonte,
pero también
un nuevo amanecer.
Hasta siempre, Calito…

Narraciones y sueños con mi hermano

Ciertas narraciones tienen un impacto tal que jamás se olvidan.

Puede haber muchas vivencias y muchos libros que vienen y van, pero ese tipo de narración sigue vibrando, sigue susurrando en el oído. A mí me ha perseguido por años, hasta que la identifiqué y supe que ya no quería desprenderme de ella. La busco y regreso a ella permanentemente.

Fue aquella narración la que me abrió las puertas al oficio del escribir.

La travesía, el maravilloso viaje y el viaje en la penumbra han sido las diferentes rutas; unas dolorosas y penosas, otras felices, gratas y memorables.

Y estas páginas son una forma de agradecer, de dar homenaje a lo vivido, al gran viaje hasta ahora realizado.

Ya empecé una nueva faceta como escritor, he iniciado un videoblog, compartiendo temas de zen y de literatura. Es una nueva experiencia, una nueva travesía. Y lo que realmente importa es la travesía.

Contaba un monje zen que no hay tal muerte, solo vidas que se transforman. Luego, leí un libro que me prestó mi hija, **Muchas vidas, muchos maestros**, y ya he visto varias conferencias a raíz de la muerte de mi hermano, en especial conferencias y charlas sobre el zen, el budismo y la muerte.

La vida se transforma permanentemente, no somos los mismos mientras pasan los años, los cambios se suceden cada día y, por qué no, también luego de la muerte.

¿Habrá muerte? ¿Será esto todo? No creo. Creo que la vida continúa. En otro espacio, dimensión o lo que sea, pero continúa, de alguna u otra forma.

Me he acercado mucho al zen en esta pandemia, en estos momentos de quedarse en casa, en cuarentena, pero en especial por la muerte de mi hermano.

Hay sueños que se han de considerar en esta mágica travesía, como la de mi hermano en el limbo.

Sucede que un amigo que hace reiki, un sistema de medicina alternativo japonés que se basa en la imposición de manos, me pidió los datos de mi hermano para hacerle reiki a distancia con unos compañeros. Y en la noche soñé que mi hermano, ya fallecido, estaba sorprendido en su nuevo viaje. Estaba en el limbo, con frío y desnudo. Intentaba comprender qué pasaba, dónde estaba, quería que alguien le diera alguna respuesta. Llamó a Dios y a Jesús fuerte, con su particular tono de voz, que identifiqué de inmediato. Se preguntaba en, aquel tono que él solía hacer cuando reclamaba algo, «¿dónde estoy? Y si esto no es el cielo, entonces ¿dónde estoy?, ¿en el cielo?, ¿en el infierno?». Me sorprendía el tono de su voz, era tal como cuando mi hermano reclamaba.

Luego, en mis sueños, vi las manos de estos amigos que le hacían reiki, y mi hermano empezó a sentir un calor que le aliviaba del frío y de las preguntas que se hacía. Las manos de estos amigos funcionaban como una especie de espejo y reflejo para mi hermano, en el cual, de algún modo, le decían «tus preguntas eres tú mismo, y tu misión ahora es explorar en tu propia mente».

La imposición de las manos era un reflejo, como regresándole la pregunta para que mi hermano, desde el limbo, observara su propio rostro y trabajase para descubrir quién era. Es la clásica pregunta filosófica «¿quién soy?»

Fue algo totalmente zen.

Mi hermana también soñó con mi hermano. Yo soñé con él cuando todavía estaba con el respirador artificial, entubado, ya casi al borde de la muerte. Mi hermana soñó con él en otra circunstancia, tres semanas después de que falleciera.

Mi hermana estaba en una crisis muy fuerte, un gran bajón que no le permitía aceptar lo que ya era un hecho: la muerte de mi hermano.

Y en el sueño, mi hermano Giancarlo se le presentó a mi hermana Vanesa. Mi hermano, cuenta ella, estaba radiante, más joven y delgado, guapo.

—¿Tú qué haces aquí? —preguntó mi hermana asustada—, si estás muerto.

—Sí, morí —contestó mi hermano—, pero estoy vivo.

Esto la dejó más tranquila y fue un lindo mensaje, en nuestro duelo particular, para toda la familia.

La vida es una gran travesía, y no solo importa la meta, sino la travesía y aprender de su gran belleza.

Lo fantástico de la vida es la gran oportunidad de hacer y maravillarnos con el viaje.

Palabras finales

La vida, es sin duda, un gran viaje, una gran aventura. Todos, de una u otra forma, ansiamos y buscamos la felicidad, la paz y el amor. No siempre las buscamos por la vía correcta, erramos, nos caemos, fracasamos y nos damos de bruces… pero también nos levantamos y seguimos.

Este libro es solo una plática, una charla, un compartir de diversos aprendizajes y caminos. No se trata de una pretensión de verdad, ni mucho menos. Así que toma lo que más te favorezca para tu camino de aprendizaje, de paz, de libertad y de felicidad, y lo que no, simplemente deséchalo o transfórmalo. Mi propósito ha sido tener una especie de diálogo, de conversación, y dejarlo por escrito como si fuera la carta a un amigo o amiga.

Deseo trabajar por nuevos espacios de encuentro, holísticos e integrales hacia una calidad de vida para todos: niños, jóvenes, adultos y ancianos, y que todos podamos disfrutar de estos espacios de gozo, de paz y de felicidad.

En este libro, mi profundo deseo y aspiración es contribuir en algo. Y si por lo menos una línea de este libro te ha servido de inspiración, me alegro enormemente. Solo te deseo lo mejor en tu viaje, en tu peregrinaje, en tu búsqueda, en tu gran aventura de la vida.

Muchas gracias y estamos en contacto.

メンドサ